斎藤一人 神はからい

斎藤一人 みっちゃん先生 著

マキノ出版

お師匠さんの「はじめに」

斎藤一人

こんにちは、一人《ひとり》さんです。

感謝しています。

私が、お弟子さんのひとりであるみっちゃんと出会ったのは、まだみっちゃんがオムツをはいてヨチヨチ歩きをしていた頃のことです。だから、もう何十年っていう長いおつきあいになります。

子どものときからなぜか縁がある人とか、途中から出てきてつきあいが長くなるとか、誰にでもそういう人っているものなんです。

で、そういう相手は、神様が自分のために出してくれた「神はからい（神様のおはからい）」の人なんだよね。

だから、みっちゃんは一人さんにとって、神はからいの人。

別の言い方をすれば、「ソウルメイト」です。

ソウルメイトという言い方のほうがピンとくる人はそう思っていればいいし、私みたいに、神様が出してくれた「神はからいの人」っていうほうがピンとくる人は、そう思っていたらいい。

どちらでもいいんだけど、要は「今世《こんせ》、一緒に学んでいく人」なんです。


一人さんの場合、そういう神はからいで出てきた相手っていうのは、会った瞬間に「この人とは気が合うな」「ウマが合うな」って、ピンときます。つきあいが長くなるなって感じるんだよね。

それから、何とも言えない懐かしさを感じます。初めて会ったのに、懐かしさの入り混じった特別なものを感じる。多分、前世からずっとつきあいがあるのでしょう。

みっちゃんにも、初めて会った時にそういうものを感じました。みっちゃんは、まだ赤ちゃんだったけどね（笑）。

もちろん、神はからいで出てきた人に感じるものって人それぞれ違うんだろうけど、私の場合はそういう感じなんです。

神はからいというのは、これまで、一人さんが特別に使ってきた言葉です。私自身、いろんなことに対して「これは神はからいだな」って思いながら生きてきたし、お弟子さんたちにも神はからいのことを伝えてきました。

自分の身に起きることを神はからいの視点で見ると、ものの見え方や考え方が一変します。そうすると、人生に行き詰まっている人はパッと道が開けるし、成功したいと思っている人には成功がもたらされる。人生がどんどんいいほうに導かれるんです。

だけど、世間ではほとんど、神はからいについて知られていません。

そのことを広めることができたらどうなるだろうか。考えただけでも、ワクワクしてきます。

この本は、みっちゃんがこれ以上ないってくらい、わかりやすく神はからいについて教えてくれています。

とてもいい本ですから、ぜひ、みなさん読んでみてください。

お弟子さんの「はじめに」

みっちゃん先生

グチや悪口は、もう絶対に言わないようにしよう――。

私が心からそう誓ったのは、ある病気がきっかけでした。

今まで、私は師匠の斎藤《さいとう》一人《ひとり》さんから、何十年にもわたってこう教わってきました。

「幸せになりたかったら、グチや泣き言、人の悪口は、絶対にダメだよ」

悪口っていうのは、人を悪く言うこと。グチや泣き言は、自分のことを悪く言うことです。

最初の頃はなかなかできなかったけれど、一人さんに何度もそのことを教えられるたび、少しずつ心に染み込んで、私もだんだんできるようになりました。

人にはいいところも、未熟な部分もあります。

だけど、悪いところを見てその人の悪口を言うよりも、いいところを見つけて褒めてあげよう。自分に対しても、未熟な部分にばかり目を向けないで、いいところを見て、自分を愛してあげよう。

意識しなくてもそう思えるようになり、自分なりに、「あぁ、私もグチや泣き言、悪口を言わないでいられるようになったなぁ。少しは一人さんに近づけたかな」って感じる部分もありました。

だけど、最近になって、自分でも気づかないうちにグチや悪口が出ていたようです。そのことに気づかせてくれたのが、「美少女障害（一人さんが、更年期障害のことを〝美少女障害〟と名づけてくれたので、私たちはそう呼んでいます）（笑）」という病気でした。

私もそういうお年頃になり、今年に入ってから、いろんなつらい症状が出始めたんですね。ひどい腰痛で歩くのもままならなかったり、息ができなくなるほど心臓がバクバクしたり、ギューーッと胸が締めつけられるように痛くなったり……。

あまりの苦しさに、心が折れそうでした。

だけど、どうしてこんな病気になったんだろうと考えたとき、わかったんです。

「あっ！　ちょっと前に、グチや悪口を言ってたことがある！」

そのことに気づいてからは、「もう絶対に、グチや悪口を言わないようにしよう。

この瞬間から、改めて挑戦するんだ」って決めました。

すると不思議なのですが、そう決意した途端、浄化が始まったみたいに体が楽になっていったのです。


それにしても、一人さんの教えはしっかりと私の中に根づいていたはずなのに、なぜ今になってグチや悪口が出てきてしまったんだろう。

不思議に思っていると、一人さんがこう言ってくださったのです。

「人はね、魂が成長しなきゃいけないタイミングが来ると、何らかの形でお知らせが来るんだよ。それが、病気だったり、トラブルだったりするの。

今回、みっちゃんが病気になったのは、グチや悪口をやめることでたちまち幸せにつながるんだって、心底わかることだったんだよね。

で、そのことをたくさんの人たちに伝えるっていうお役目を、神様からいただいたんだよ。だから、いつもだったら絶対に言わないはずのグチや悪口を、なぜか言っちゃったの。すべては〝神はからい〟なんだよ。わかるかい？」

そして本当に、一人さんの話を聞いた直後に出版社から「本を出しませんか？」というお話をいただき、こうして本を書かせていただけることになったわけです。

一人さんはいつも、「神様がすることは、ものすごくスピードが速いよ」と言うのですが、今回の一件では、そのことも強く実感しています。

自分の身に起きた出来事の意味が分かると、問題は簡単に解決しますし、いいことがとんとん拍子で起きるようになります。でも、起きた出来事をどう解釈すればいいのかわからないというかたもいらっしゃると思います。

そこで本書では、多くのかたが生活の中で直面するであろう、さまざまなシーンを通じて、魂の成長につながる考え方をお伝えしていきたいと思います。

この本をお読みいただくことで、物事に対する考え方が変わり、「自分の考え方ひとつで、こんなに簡単に幸せになれるんだ！」ということを体感いただけたら、私にとってこれ以上の喜びはありません。

斎藤一人さん書き下ろし

「太陽の神」カードについて

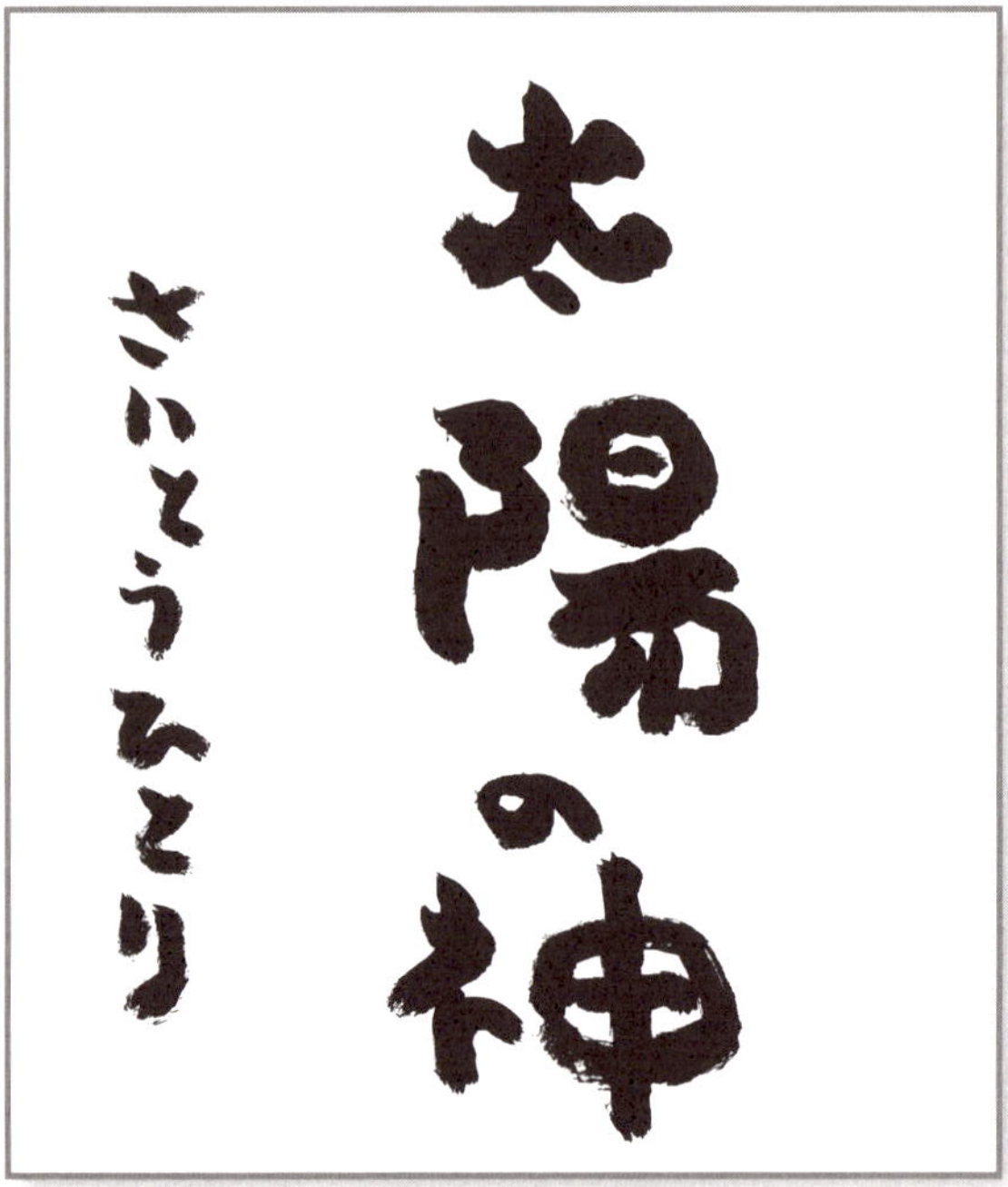

明るくて
あたたかい
あなたは太陽の神

――斎藤《さいとう》一人《ひとり》

巻末付録「太陽の神」カードは、斎藤一人さんが読者へのプレゼントとして新しく書き下ろしたものです。

見える場所に飾ったり、持ち歩いたりしたら、あなたへの〝神はからい〟がきっと加速するでしょう。（編集部）

斎藤一人 神はからい 目次

第2章　心の問題をスカッと解決する極意

第3章　あなたはもうお金のことで悩まなくていい

第4章　仕事で成功するのは超簡単

第5章　人づきあいはこれで驚くほどラクになる！

第6章　大切なあなたと家族を守るために

斎藤一人　神はからい

装丁　田栗克己
装画　のぶみ
構成　古田尚子
編集　髙畑　圭

第1章

「神はからい」がわかれば万事うまくいく！

あらゆる出来事が神はからい

私たちは、だんだんよくなるようにできています。みんなそれぞれ魂を磨いて、幸せになるためにこの世に生まれてきました。だから、

この人生は、だんだんよくなる

そう信じていると、いいことがどんどん起き始めるんです。

では、必ず幸せになれると信じていれば自分に都合の悪いことは一切起きないのかというと、残念ながら嫌な出来事も起きます。というより、一見悪いことのように見えるだけで、どんなこともすべて「自分に必要なこと」なんですね。

魂は、どこまでも成長することができます。だから、自分が成長するために修行が必要なときは、神様が課題をくださいます。

その課題が、時に「とんでもない大問題」に見えたり、「苦しくてたまらない」ことだったりするだけなのです。

師匠の斎藤一人さんが、こんな話をしてくれたことがあります。

「極端な話かもしれないけどね、旦那さんが浮気するとか、彼氏が浮気して、気持ちが相手の女性のほうへ行っちゃったとするよね。で、あなたとは別れたいっていう話になって、大変な苦しい思いをすることになった。

そのときは、つらくてつらくて、どうしようもないよね。なんで自分ばっかりこんな目に遭うんだって思うかもしれない。

だけどね、パートナーが浮気するということは、あなたの魂を磨くための『神はからい』なんだよ。

どういうことかって言うとね、苦しい中でも、あなたが〝この別れの後には、もっとすばらしい人に巡り会える。そのために今のパートナーと別れることになっただけ。これは神はからいなんだ〟ということに気づくと、本当に理想的な人と出会えるの。

そうすると、〝あぁ、あのとき浮気されたのは、やっぱり神はからいだったんだな〟ってわかるよね。で、いちばんうらんでいた相手の女の人に、あの人がいなかったら今の私の幸せはなかったんだって、ものすごく感謝する（笑）。

あのね、本来、俺たちの身に起こるあらゆる出来事は、すべて神はからいなんだよ。俺たちの魂が向上するようにって、神様がくれた〝学びのチャンス〟なの。

で、何が起きても、それを神はからいだと思えるようになると、その神はからいを通じて、自分は何を学んだらいいんだろうって考えるよね。そうすると、**気づきが多くなってくるから、魂の成長がうんと早くなる。**

魂が向上するわけだから、起きる現象もどんどんよくなる。幸せにならないわけがないいんだよ」

想念が未来を作る

神はからいについて話していると、「〝神はからい〟と〝定め〟は違うんですか？」というご質問を受けることがあります。

基本的に、同じだと一人さんはおっしゃっています。

「定めにはいいこともあれば、悪いこともあるんだよね。それに対して、神はからいで見ると、最初からいいことしかないの。

一見、悪いことのように見えても、それはよくなるためのきっかけにすぎない。それが神はからいなんだよ。

人って、嫌な出来事があると苦しくなったり、不安になったり、ネガティブな気持ちでいっぱいになってしまうよね。でも、起きた出来事を〝これは悪いことだ〟と思ってしまうと、本当に悪いほうへ流れができてしまうんだよ。

人間は、〝思い〟によって人生が作れるの。

不安があれば、ますます不安になるような現実になるし、〝つらい、つらい〟と言っていれば、その感情にふさわしい、つらい出来事がどんどん起きちゃう。

だけどね、**どんなことが起きようと、これは神はからいなんだと思って学んだら、**

そこからさらに悪くなることはないよ。必ず、いいほうへ流れていくからね」

神はからいによって、あなたの魂はどんどん磨かれます。
ネガティブな想念は捨てて、神はからいを最大限に利用しましょう。そうすれば、人生はおもしろいほど好転するはずですよ！

嫌なものはひと工夫して楽しく考える

「はじめに」でお伝えしたように、現在、みっちゃん先生（この本では、私自身のことをみっちゃん先生と呼ばせていただきますね）は「美少女障害（更年期障害のことです）」の症状を抱えています。今はずいぶん調子もよくなってきているのですが、症状が出始めた当初は、何か悪い病気になってしまったのではないかと不安でたまらなくなるほど、深刻な状態でした。

ですから、病院で「心臓にもどこにも異常はありません。更年期障害でしょう」と診断を受けたときは拍子抜けしたのですが、同時に大変なショックでもありました。

同じ女性ならわかっていただけるかもしれないのですが、いくらそういうお年頃になっても、心の中ではいつまでも若い自分なんですよね。頭では理解できても、心が抵抗して、どうしても受け入れられないのです。

すっかり落ち込んだみっちゃん先生を見て、一人さんは自分のこと以上に心配してくれました。そして、「これを飲むといいよ」って、ある漢方薬を勧めてくれました。ところが……いつもなら素直に聞ける一人さんの言葉なのに、まったく心に響きません。「我《が》」が邪魔をして、無意識のうちに耳をふさいでしまっていたのです。

すると、一人さんがこんなことを言い出したんです。

「みっちゃんさ、そもそも更年期障害っていう名前が嫌なんじゃないかい？　その言葉の響きが、心を落ち込ませるんだよね。だったら、俺たちの間では〝美少女障害〟って呼ぼうよ」

思わず吹き出しそうなネーミングに、みっちゃん先生は救われる思いでした。確かに、自分は美少女障害なんだと思うと、悪い病気どころか、何だか若返ったような気さえします（笑）。

こんなふうに、**ちょっと名前を変えるだけで、嫌なことでも楽しく考えられるようになる**。これが、一人さん流なんです。

余談ですが、みっちゃん先生は、美少女障害という言葉が、世間で普通に通じるくらい広まったらいいなぁと思います。きっと、この言葉で救われる人はたくさんいると思うから。

だから、もしみなさんの周りにこの病気で苦しんでいる人がいたら、「美少女障害って呼ぼうよ」と提案してあげてください。

そして、あなた自身が苦しんでいるのであれば、「私は美少女障害なのよ」と思ってみてください。それだけで、ずいぶん心は軽くなるはずですよ。

正しい方向へ進むと、芋づる式にいいことが起きる

そもそも、どうして病気になってしまったんだろう。そう考えたみっちゃん先生は、グチや悪口を言っていた自分に気がつき、「もう二度と、グチや泣き言、悪口は言うまい」と心に誓いました。

これから先の人生では、絶対に言わないようにしよう。難しいかもしれないけど、挑戦するんだ。そう決めたんですね。

するとその直後に、一人さんからこんなお誘いを受けたんです。

「みっちゃん、香取神宮《かとりじんぐう》へ行こうか」

香取神宮というのは、経津主大神《ふつぬしのおおかみ》という神様が祀《まつ》られている、千葉県香取市にある神社のこと。全国に約400ある香取神社の総本社です。

せっかくですから、グチや悪口を言わない挑戦を始めたことを香取様にご報告し、みっちゃん先生は改めてその決意を固めました。

その帰路のことです。晴れやかな気持ちで車に揺られていると、一人さんがさりげなく、「みっちゃん、美少女障害に効く薬があるんだけど、飲んでみるかい?」と言ってくれました。以前にも勧めてくれた、あの漢方薬です。

一回目の時は聞く耳すら持たなかったみっちゃん先生ですが、このときは違いました。本当に不思議なのですが、瞬時に「一人さんが勧めてくれるんだったら、飲んでみたい！」と思えたのです。

ふと前を見ると、薬局の看板が見えます。

すぐにでもその漢方薬を手に入れたかったみっちゃん先生は、目に入った薬局に飛び込みました。すると、みっちゃん先生を待っているかのようにその薬が置いてあるではありませんか！

欲しいと思った時にパッと手に入るのは、それが自分にとって必要なものだということ。そんな直感にも後押しされて漢方薬を飲み続けていると、日を追うごとに症状が軽減していき、今は当初とは比べ物にならないほど落ち着いています。

グチや悪口をやめようと気づいたら、香取神宮に足を運ぶチャンスに恵まれ、そこで一人さんの声が心に届いた。そうすると、すぐに薬局が出てきて、一人さんの勧めてくれた漢方薬が手に入った。

体調がよくなってきたところで、今度は本を出すお話がいただけた。

このように、驚くほどスムーズに、みっちゃん先生に必要なものやうれしいことが次々と出てきたんです。

正しい方向へ進めば、芋《いも》づる式にいいことが起きる。そのことを、強く実感した経験でした。

しんどい時ほど「これは神はからいだ」と思うこと

今回の病気を通じて、みっちゃん先生は、自分の身に起きることはすべて神はからいなんだと学びました。神はからいで病気になったのだとわかったからこそ、どんどん体調もよくなっていったんですよね。

一人さんが、こんなふうに言ってくれました。

「みっちゃんは、病気になったことで魂がうんと成長したんだよね。もしかして、愛のない言葉をしゃべってなかっただろうかって考えたら、思い当たることがいっぱいあった。

だけどそれを反省して、これからは愛のある言葉を口にしようって決めたことで、魂が成長したの。〃我〃も取れて、病気もよくなってきて、今があるんだよ。

病気をしたことで、グチや悪口はつくづくいけないんだってことがわかった。グチや悪口をやめようって気がついたら、症状が軽減したり、もっと症状が軽くなるような薬が出てきたり。そういう、治すための処方が次から次にもたらされたよね。

神はからいで起きたことってね、そのことから気づきを得て学ぶと、ものすごくいいことが起きるようになってるんだよ。それだけじゃなくて、**いいことが起きるスピードも加速する**からね。

つまり、病気はみっちゃんにとって神はからいだったの。だから、いい病気したねってことになっちゃうんだよね。わかるかい？


自分の身に起きることはすべて神はからいなんだっていつも思ってるとね、悪いことが起きても、そこからさらに悪い方向へは行かないんだよ。自分の気持ちも、それ以上には落ち込まない。

だから、**しんどい時ほど〝これは神はからいなんだ〟って思うといい**んだよ。このことから何を学んだらいいんだろうって。

俺たちは、愛を学び、魂を成長させるためにこの世に生まれてきたんだよね。だから、悪い出来事が起きても、そのことから愛を学んで、魂を成長させるためにはどうしたらいいんだろうって考えると、〝こういうしんどいときでも、周りに嫌な顔をしないで笑顔でいよう〟とか、自分のやるべきことが思いつくよ」

人はよく、いいことが起きると「これは神様のおはからいだね」と言いますが、本当はいいことだけでなく、一見悪いことのように見える出来事も、すべて神はからいなんですよね。悪く見えることが起きたとしても、それは、これからよくなるよっていう前兆に過ぎません。

みっちゃん先生は病気になって、いろんなことに気がつきました。自分がつらい思いをしたことで、同じように病気で苦しんでいる人たちに優しい気持ちになれたり、愛が持てたり。

一つひとつの出来事に対して「これも神はからいかな？」と気づけるようになる

と、たくさんの学びが得られ、そのたびに魂を成長させることができるのです。

個性を生かせば何でもできる

みっちゃん先生は子どもの頃から気の弱い、臆病なタイプでした。そのことをずっと気にしていて、何かあるとすぐに「どうせ私なんて……」と思ってきました。

そんなみっちゃん先生が、ものすごく豊かで幸せな人生を手に入れることができました。それは、一人さんの「臆病はいいことだよ」という言葉に救われたからです。

"みっちゃんは、臆病というものを持ってるんだよ。で、勇気がある人は〝勇気があってよかったね〟なの。

臆病な人に勇気を出せと言ったって、出ないんだよ。臆病な人は、臆病というものを、神様からもらってるの。**神はからいで、臆病に生まれてる**んだよ。わかるかい？

勇気のある人は、勇気があるという神はからいなの。

人はすぐ、誰かと比べて自分を卑下するんだけど、そんなことしちゃダメなの。

あのね、臆病だから無理しないし、無茶しないし、自分の身を守ることができる。臆病だから、知恵が出るんだよね。臆病ってね、すばらしい神はからいなんだよ。

今、野生の世界ではウサギがどんどん増えていて、その一方では、トラが絶滅危惧種になってるらしいの。普通に考えたら、強いものがたくさん生き残って、弱いものが絶滅するんじゃないかって思うよね。でも、違うんだ。

ウサギって、ものすごく臆病なんだよ。だから耳が大きくて、小さな音でも聞き分けられるようになっている。敵がどんなに音を立てずに忍び寄っても、ウサギはその気配をすぐに察知し、危機が迫る前にパッと逃げることができるの。

草を主食にしているから、周りじゅうが食糧だらけで食べるのに困ることはなく、餓死するリスクも小さい。そして、弱いからこそ簡単に絶滅しないように、いつでも子どもをたくさん産むことができるんだよ。

弱いウサギが絶滅しないどころか、どんどんその数を増やしているのは、臆病であるおかげなの。すごいよね？

だから、自分のよさを生かせばいいんだよ。

神は、誰かと比べるために俺たちに個性をつけたんじゃないんだよ。なのに、みんなすぐに人と比べてああだこうだ言う。それって人間だけなの。ウサギとカメが競走したらどうなるかって言うけど、自然界ではそういう競走はしない。あんなことを考えるのは、人間だけだよ（笑）。ウサギにはウサギの個性があって、カメはカメの個性がある。みっちゃんには、みっちゃんの個性がある。

神はからいで、それぞれにすばらしい個性が与えられているんだよ。その個性を生かせば、どんなことだってできるよ」

夢を描いたら、もう叶ったのと同じ

本来、人間は他者と自分を比べられるようなものではありません。みんなそれぞれ違う個性を持っていて、違うのは当たり前だからです。

そして、自分の個性をしっかり生かして夢を描けば、必ず神様が道を作ってくれるのだと一人さんは言います。

「俺なんかの場合は、徹底的にダメなほうだったの。だから、人と比べること自体しなかったんだよね。体は弱かったし、勉強はできなかったし。

体が弱いとか、勉強ができないとかっていう自分の〝個性〟がちゃんとわかってたから、俺はそういう人間なんだと思って人と比べないし、それを前提で夢を描くようになったの。

例えば俺はね、お相撲《すもう》さんになりたいだとか、プロレスラーになりたいだとか、そういうことは絶対に思わなかったんだよ。体が弱いのに、そんなこと考えるわけがないよね（笑）。

でも、商売だったら体が弱くてもできる。だったら商人になろうって。そうやって、人はもともと自分が成功できることを考えるようになってるんだよ。

一人さんはよく、〝やりたいことは何でもできるよ〟って言うよね。だけどそれは、体が弱いのにお相撲さんになれるとか、そういうことじゃないんだよ。人は何でもできるって言うけど、何でもはできないの。

いいかい？　人には個性があって、できることとできないことがあるの。もし一人さんがボクサーになろうと思ったら、ボクサーにはなれるかもしれないけど、チャンピオンにはなれない。そのことを魂はよくわかっているから、一人さんは、そもそもボクサーになろうと考えたこともないわけ。

ということは、**自分が夢を描いたとしたら、その人の夢はもう叶ったのと同じ**なんだ。だって、自分にできることだから、それをしたいっていう夢になるんだよね。そういう夢の場合は、**必ず神様が道を作ってくれる**から大丈夫なの」


みっちゃん先生には、みっちゃん先生にできることとできないことがある。あなたには、あなただからできることがある。すべては、神様のはからいなんですよね。

できないことを無理にしようとするのではなく、できることで勝負すればいい。

それを、人と比べてやらせようとするからいけないのです。しかも世間では、できない人をまるで落伍者《らくごしゃ》のように扱うことがあります。

例えば、勉強に向かない子もいるのに、そういう子に無理やり勉強させようとする親御さん。結果が出ないと怒って子どもを傷つけたり、〝お前は頭が悪いね〟なんて言ったり……。

そういう話を聞くと、みっちゃん先生、本当に涙がこぼれてしまいます。向かないことをやらせてできないのは当たり前で、落伍者《らくごしゃ》ではないのにって。

人にはそれぞれ、得意なことがあります。そのことで顔晴れば《がんば》（一人さんは「頑張る」をこう書きます）必ず成功するのですから、大人も子どもも、もっと自分の個性を大事にして欲しいなと思います。

いちばん偉いのは「お客さん」

ゲームが大好きで、一日じゅうゲームばかりしてる子どもがいるとします。そうすると、「そんなにゲームが好きなら、将来はゲームソフトを作る仕事に就いたらいいね」なんて言う親御さんがいらっしゃるんですね。

もちろん、それが向いている子だったらいいのですが、大半はそうではありません。

そもそもゲーム好きがみんなゲームの製作者になってしまうと、ゲームを買ってくれる人がいなくなりますよね。

ゲームを作る人と、ゲームで遊ぶ人に分かれているから、ゲーム業界は成り立っています。それが全員ゲームを作る人だったら儲《もう》からなくなって、この世からゲーム会社はなくなってしまうでしょう。

この本だって、買って読んでくださるかたがたがいらっしゃるからこそ、みっちゃん先生はこうして本を書くことができるわけです。もし世の中の人がみんな本を書く側の人だったら、誰も本を買ってくれないから、本を書かせてもらえなくなりますよね。

大半の人は、お客さん。そういうお客さんに支えられて私たちは商売をさせていただいているのですから、いちばん偉いのもお客さんなのです。

そのことを、一人さんに教わったとき、「なるほど、そうだなぁ」って、ものすごく腑《ふ》に落ちました。

一人さんがとってもわかりやすく話してくださいましたので、もう少しご紹介いたしますね。

「みっちゃんは、好きなブランドってあるかい？　そのブランドの商品を買ったことがあるかい？　だとしたら、みっちゃんはそのブランドよりも偉いんだよ。

あのね、どんな高級ブランドでも、お客さんがいないと成り立たないの。いくらすてきなバッグや服を作ったって、買ってくれる人がいないとブランドは成り立たない。

自分でデザインはできないけどオシャレが大好きとかっていう人が、デザイナーを支えてるんだよね。それを、オシャレが好きならあんたもデザイナーになればいいじゃないかって、それはいじめだよ。

医者になる人もいれば、患者になる人もいる。で、患者がいないと医者は成り立たないの。医者って世間ではものすごく偉いと思われてるけど、それは患者がいてこそ。今世《こんせ》は患者になる定めの人たちが、医者を支えてるんだよ。

スポーツが好きだったらオリンピックに出たらいいって言ったとしても、そんなことなかなかできないよね。できるくらいならとっくにやってるし、その前にオリンピック候補にもなってるの。

それから、お客さんになる人は、お客さんになる定めでちゃんと働いて収入があるんだよね。それでうまくいくようになってる。今世はお客さんの役割で幸せになるっていう、神はからいなの。

もし、お客さんなのに働きに行かない子がいたら、働かなくても食べていける何かがあるってことなんだよね。家が裕福だとかね。神はからいで、そういう家に生まれるようになってるの。

障害のある子も、ちゃんと面倒見のいい親のところを選んで来るんだよ。

この前、３人続けて障害のある子が生まれたっていうお母さんがいたの。でね、そのお母さん、ものすごくニコニコしながら子育てしてるんだよ。

ちゃんと神はからいっていうのがあって、うまくいくようになってるんだよね」

自分の人生が最高によくなるようにできている

世の中はすべて、神はからいでうまくいくようにできています。だから、何でもかんでも出世すればいいというわけではありません。

一人さんは言います。

「例えばね、難しい勉強をするのが好きな人は、最初から普通の人とは発想が違うの。ほとんどの人が〝もうこんな難しいの嫌だ〟って投げ出すようなことを、〝こんなに難しい問題を解くのはおもしろくて仕方ない〟なんて言ったりするんだよね。

そういう人が宇宙を研究したり、相対性理論（１９２１年にノーベル物理学賞を受賞したアインシュタインが提唱した物理学の理論）やなんかを研究したりするの。

普通の人は、宇宙のことや相対性理論がわからなくても困らない。だから、そういう難しいことを勉強する必要はないんだよね。

普通に生まれてきた人は、普通の中で幸せになろうとしているから、それでいいの。普通の中で幸せになりたいと思っているわけだから、周りが無理に出世させようとする必要もないんだよ。

これからは、あらゆるものがインターネットで繋《つな》がる時代が来るよ。だけど、そういう時代が来たからといって、全員がインターネットを使えるわけではない。

インターネットの時代が来るからみんな使いなさいって、インターネットに向かない人にとっては、それはただのいじめだよ。

強制なんてしなくても、コンピュータが好きな人は、言われる前に自分から使うの。インターネットが苦手な人は、使わなくてもうまくいくようになってるんだよね。

向いてる人も、向いてない人も困らないように、ちゃんと神はからいでうまくいく。**神はからいで、その人の人生が最高によくなるようにできているの。**

世の中だって同じだよ。

20世紀の世界は、戦争ばかりしてたよね。なんでそんなに戦争ばっかりしてたんですかって、それは、いかに戦争がばかばかしいものかということを学ぶためだったの。

だけど、充分に学んだら、もう戦争をしなくなる。これからやっと、戦争のない時代がやって来るんだよ」

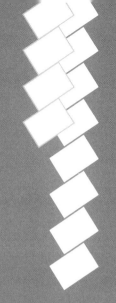

第2章

心の問題をスカッと解決する極意

こだまを変えると現実は変わる

人間というのは、今思っている自分にやがて出会うようになっています。暗いことを考えていると、必ず暗いことが引き寄せられる。そして、暗く落ち込んでいる自分に出会うことになるんですね。

思いが現実を引き連れて来るというのが「宇宙の法則」であり、神はからいであると、一人さんは教えてくれました。

「宇宙の法則を知らないでいると、何を考えようがどうせ未来は変わらないと思って、無意識のうちに暗いことを考えちゃうんだよね。グチを言ってる人や、悪口を言ってる人は、そのことでまさか自分の人生に悪影響があるとは思ってないからなの。だけど、それで幸せになりたいと言ったって無理だよ。

もし、〝私は不幸だから、グチや泣き言、悪口を言うんです〟という人がいるとしたら、それは前世でグチや悪口を言ってたんだろうね。それが不幸を呼び寄せて、今《こん》世《せ》では子どもの時から不幸なんだよ。

だからって、ずっと不平不満を言い続けていたら、ますます不幸になるようなことが起きるだけで、永遠に幸せはやって来ないよ。でも、**今ここでグチや悪口をやめたら、人生はここからガラッと変わる**の。

山の頂上で〝あ〟と声を出せば、こだまになって〝あ〟が返って来るよね。それと同じように、愛のある言葉を出せば、愛のある現実が呼び寄せられるの。

現実を変えたい人は、こだまの音を変えたらいいだけのこと。

たったそれだけで人生が好転するんだったら、そんなに簡単なことはないって思うかもしれないけど、挑戦してみな。たったそれだけのことが、うんと大変なことだとわかるから。

でもね、難しくても挑戦していると、必ずいいことが起き始めるよ。やればやるほど、いいことがどんどん起きる。だまされたと思ってやってごらん」

「もうグチや悪口はやめよう」って思うと、その瞬間から魂は成長し始めます。そうすると、ものすごく気分がよくなります。それだけでも、挑戦してみる価値があるのではないでしょうか。

グチや泣き言は、自分が言わなければマル

グチや泣き言って、自分では言わない挑戦を始めても、周りにそういう人がいると自然と耳に入ってきてしまいますよね。そうすると、人が放ったネガティブな波動（周波数）を受け取ってしまい、自分にも悪影響があるのではないかと不安になると思います。

でもね、大丈夫です。グチや悪口を言っている人が目の前にいるときは、「へぇー」「そうなのー」って適当に相槌《あいづち》を打ちながら、頭の中では「今日はケーキ食べちゃおうかな！」「今度の旅行、ワクワクするなー」って、楽しいことをいっぱい考えていればいいんです（笑）。

一人さんは、こう言います。

「グチや悪口を言ってる人が目の前にいても、自分が言わなければいいの。精神論ってね、まずは自分論なんだよ。

だから、相手がいくらネガティブな話をしていてもスルーして、自分だけは言わないようにすればいい。

そのうち自分の心にゆとりができてくると、相手に〝そういうことを言うと、嫌な出来事が起きるからやめよう〟とか、〝斎藤一人さんの話ってすごくおもしろいから、一緒に聞いてみない？〟とか、そういう対処もできるようになってくるの。自分だけじゃなく、相手にもグチや悪口をやめようって、うまく伝えられるようになるんだよね。

でも、慣れない間にそういうことを言ってしまうと、相手にはお説教みたいに聞こえてしまう可能性がある。だから、**自分にゆとりができるまでは、とにかく自分が言わないことを心がけたらいい**んだよね。

自分がやらない、言わない。

それだけで、ものすごい進歩なの。でね、不思議なんだけど、自分がグチや悪口をやめると、そういうことを言う人が自然と自分の周りからいなくなるものだよ」

悪い現象を消したかったら構成要素を変える

みっちゃん先生は20代の頃、うつ病から拒食症を発症し、苦しんだことがあります。53kgあった体重が39kgまで落ち、歩くことすらおぼつかなくなったのです。どうしたらいいのかわからず部屋に閉じこもり、毎日毎日、泣き暮らしていました。未来などまったく見えません。あるのは絶望だけ……。

一時は、頭の中に「死」がチラついたことすらあったほどです。

そのときに、一人さんがこう言ってくれたんです。

「すべてのものには構成要素があるんだよ。うつには、うつを作っている構成要素があるし、拒食症には拒食症を作っている構成要素がある。**治すには、構成要素を分解して変えればいいだけ**の話だよ。

例えばここに缶コーヒーがあるとするよね。このコーヒーには、水とコーヒー、ミルク、砂糖が入ってるんだけど、ここからコーヒーを抜き取っても、水を抜き取っても、缶コーヒーとして存続することはできないんだよ。

同じように、車だってタイヤやエンジンがくっついてるから車なの。エンジンやタイヤを外してしまったら、車として存続できない。

要するに、どんなものでも現象でも、それが存続できているということは、存続できるだけの構成要素があるということだよ。その構成要素の中から、どれか一つでも欠けると存続できなくなる。

だから、うつ病でも拒食症でも、それを構成している要素を何かちょっとでも変えちゃえばいいんだよ。そうすれば病気は存続できなくなるから、治っちゃうの。

それとね、どんなにつらいことでも、人生に無駄なことは起きないんだよ。試練を明るく乗り越えれば、本当の幸せが見えてくるからね」


みっちゃん先生の場合は、一人さんに「うつ病や拒食症の人で、お肉をじゃんじゃん食べてる人っていないよね。ぶ厚いステーキをモリモリ食べてる人って、いかにも元気そうに見えるんです。だからみっちゃん、お肉食べな、レバー食べな」って勧められたんです。

食べることができない病気ですから、もちろん最初からモリモリなんて食べられません。最初は、小指の先ほどの小さなお肉を一切れか二切れ食べるのがやっとです。だけど、一人さんは毎日のようにみっちゃん先生を連れ出し、お肉を食べさせてくれるのです。そのうちに、だんだん食べられる量が増えていきました。

するとどうでしょう！

気がつけば、外に出かけることや、食事をすることが楽しくなり、体重も増えて元気になっていたのです。鏡を見ると、そこにはふっくらして血色のいい、笑顔のみっちゃん先生がいました。

怒りやイライラが瞬時に収まる

構成要素の観点で考えると、自分の感情をコントロールするのにも役立つよと、一人さんが教えてくれました。

「構成要素を変えるってね、怒りの感情だとか、イライラするとかっていうのも同じなの。怒ったりイライラしたりするのは、そうさせる構成要素があるんだよね。

ということは、構成要素の中から何か一つでも取り除いちゃえば、同じ現象は起きなくなっちゃうんだよ。

でね、構成要素を変えるときに陥りがちなのが、相手を変えようとすることなの。みんな、どうにかして相手の悪い習慣を改善させようとしたり、自分の思い通りにさせようとしたがったりするんだよね。

だけど、それじゃダメなの。**相手を変えることは絶対にできない**から。

変えられるのは、自分だけだよ。

自分の構成要素を変えれば、瞬時に怒りやイライラは収まるの。で、自分が変われば、不思議と相手も変わってくるんだよね」

感情の構成要素の変え方

では、具体的にどうやって感情の構成要素を変えたらいいのでしょうか。

例えば、ある人が「うちの夫は、いつも靴下を丸めたまま洗濯機に投げ込みます。

何度注意しても直らないのでイライラしっぱなしなのですが、どうしたらいいですか？」と一人さんに相談したんですね。

それに対する一人さんの答えは、こうです。


「あのね、汚れた靴下を丸まったまま洗濯したら何か問題があるんだろうかって、一回真剣に考える必要があるよね。何がどうなるんだろうって。

そうすると、汚れがきれいに落ちてない靴下をはくのは旦那だから、自分が困るわけじゃないいってことがわかる（笑）。丸めた靴下でもまったくきれいにならないわけじゃないし、多少はきれいになるわけだから、それはそれでかまわないんだよね。

じゃあ、どうして丸まった靴下を洗うのが嫌なのかって言うと、それって親に言われたことじゃないだろうか。あなたの親御さんが、その昔、あなたに〝洗濯物はちゃんと広げてから洗濯機に入れなさい〟と言ってたんじゃないかな。

でもね、靴下を丸めたまま洗っちゃったら洗濯物はどうなるんだろうって、どうもならないことが多いんだよね。

それから、ご主人の家では、そういうことを言われずに育ったんだよ。洗濯物はここに入れておきなさいって、そこまでは教わってるの。だけど、丸まったまま洗濯機に入れちゃダメだよ、とは教わってないんだよね。

価値観の違いだから、どんなに注意しても直らないものは直らない。というか、よく考えたら直さなくていい問題なの。旦那のほうは困ってないんだから。

腹を立てて困ってるのは、あなたなんだよね（笑）。そういうときは、困ってるほうが直せばいいんだよ。

そういうことも神はからいで、〝自分はへんてこりんなところで神経質な部分がある〟ってことがわかる、いいきっかけなんだよね。

で、間違ってるのはどっちかっていう話なんだけど、間違ってるほうが必ず病気になって具合が悪くなったりするか、腹が立つようになったりするんだよ。ということは……もうわかるよね？

丸まった靴下やなんかを広げて洗濯するとか、そういうのは自分の趣味だと思っちゃうしかないんだよね。これは私の趣味なんだって。

最初に一〜二回注意するのはいいけど、それで直らないんだとしたら、それは相手の趣味であり、価値観の違いだから直らない。

だったら、自分が変わるしかないよね。〝汚れが落ちてない靴下をはかせておけばいいや〟と思うか、気持ちよく自分の趣味として旦那の靴下を広げてやるか、何でもいいから自分の考え方を変える。

それでも旦那の悪口が言いたいんだとしたら、別れちゃえばいいんだよ（笑）。あのね、それくらい悪口っていけないの。

腹を立てることで、あなた自身の人生を悪くしてるんだよね。

だから、とにかく腹の立たないことを考えること。別れたくないんだったら、腹が立たないように自分を変えるしかないよ。

旦那の嫌なところがゆるせず、〝あなたのここを直してくれなきゃ別れる！〟って離婚届を突きつけたら、旦那は〝俺が悪かった、お前の言うように直すから〟とかって言うかもしれない。

だけどね、その時はどんなに〝俺が悪かった〟と言っても、また必ず元に戻っちゃうよ（笑）。なぜかって言うと、**人は自分を変える〝修行〟のために生まれてきているから。人を変えるために生まれてきたんじゃないの。**

相手を変えようとしても、絶対に思った通りには変わらないよ。**幸せな人生を手に入れたければ、自分が変わるしかない**んだよ」

顔晴っても成長できないのは、間違った方向へ進んでいるから

一人さんはいつも、「苦しいときって、成長してないから苦しくなるんだよ」と言います。

「成長してないって言うと誤解を招いてしまうかもしれないんだけど、努力が足りないとか、もっと顔晴らなきゃいけないとか、そういうことではないの。

顔晴る方向が間違っているということなんだよ。

例えば、遊びが足りないのにもっと真面目になろうとしたり、自分をゆるさなきゃ

いけないのに人をゆるすことばかり考えていたり、もっとくだらないことを考えなきゃいけないのに自分を追い詰めたり……。

むしろ力を抜いたほうがいいのに、自分を追い詰めるほど無理をしているから苦しくなっているということもあるんだよね。

東京駅へ行こうとしているのに、千葉へ向かって歩いてるから、だんだん〝おかしいな〟って苦しくなるの。

時々、有名な会社の社長さんをテレビで見かけたりするんだけど、なんか表情が曇ってるというか、あんまり幸せそうじゃないなぁって感じることがあるんだよね。

そういう社長さんってね、真面目な上にも真面目に生きなきゃいけないって思ってるんだよね。真面目じゃないと失敗しちゃうって。

だけど、あんまり真面目ばっかりだとおもしろくないし、疲れちゃうよね。

その点、俺の場合は真面目でもあるけど、毎日ものすごく楽しいの。一人さんは楽しく生きてるのが好きだし、それで仕事もうまくいってるんだよね」

先ほどの靴下の話なら、「洗濯機に入れるときは、ちゃんと靴下を広げて欲しい」と考えるから苦しいのであって、「それでいい」って考えを変えたら苦しさはなくなります。あるいは、「うちの主人は、ほかにいいところがいっぱいある。だから、靴下くらい、好きにさせてあげよう」と考えるのもいいですよね。

自分は進歩してないいんじゃないかって苦しくなった時は、「ひょっとして、間違った方向へ向かって努力してるんじゃないかな?」って、一度立ち止まってみてください。

自分の進むべき正しい道へ軌道修正すれば、必ず苦しみは消えますよ!

正しい道は、あなた自身が知っている

正しい道ってどっちだろう。そんな迷いを感じた時のために、ぜひ一人さんの「正しい方向は自分の心が知っているから、すぐにわかるよ」という言葉を覚えておいてください。

「正しい道へ進むと、気分がいいの。だから、自分の気分がいいかどうかで、こっちの道が正しいんだなって判断すればいいんだよ。

ワクワクしたり、楽しくなったり、出会う人がいい人だったり、おいしいものがあったり。**正しい方向へ進めば、とにかくいいことしか起きない。**いい道には、いいことが続いてるんだよ。

もし嫌な人ばっかり出てくるんだとしたら、それは進む方向が間違ってるの。ハワイに向かってるのに、流氷が流れてきたりペンギンが出てきたりしたら、どう考えてもおかしいよね（笑）。

それと同じで、幸せに向かってるときに嫌な奴ばっかり出てくるって、おかしいの。

そういうときは、素直に〝これは間違いだ〟って方向転換すれば、だんだん温かくなってくるはずなんだ。ヤシの実が流れてきたりして、〝こっちの道は正しいよ〟っていうお知らせが必ずあるからね」

間違った道に進んでいるときは、必ず「そっちは違うよ」って、落ち込んだり胸騒ぎがしたり、そういうお知らせがあります。反対に、正しい道に進んでいるときは、ワクワクして楽しかったり、チャンスに恵まれたり、いいことが次々に起こります。

私たちは、ただ素直にそのお知らせに従えばいいのです。

愛を持って「間違っているよ」と教えてあげる

自分の大切な人が、病気をしたり、仕事がうまくいかなかったりで、人生に行き詰って苦しんでいるとします。そばにいる人は、どうサポートしてあげたらいいのか悩むものですよね。

そういうときは、はっきり「あなたは間違った方向に進んでいるよ」と教えてあげることが大事だと一人さんは言います。


「いい方向へ行けば、いいことばかり起きるし、必ず幸せになれるの。苦しいことばかり起きるのは、間違った方向へ進んでいるから。そのことを、ちゃんと相手に伝えてあげなきゃいけないよね。

でね、伝えるときは遠回しに伝えようと思わず、できるだけ短い言葉で、わかりやすぐ伝えてあげること。悩んでる人に遠回しに言ってしまうと、相手をますます混乱させてしまうだけだからね。

はっきり言うと相手を傷つけてしまうんじゃないかって心配になるかもしれないけど、愛があれば相手は傷つかないから大丈夫。

伝え方にトゲが感じられるのはね、そこに愛がないからなんだよ。愛さえあれば、どんなにはっきり伝えても、相手は傷ついたりしないよ。

あなたは間違ってるよ。
あなたみたいないい人が努力しても不幸なのはおかしいよ。
進んでる道が間違ってるよ。

そんなふうに、ストレートに伝えてあげるといいね。

21世紀は、自分を大切にしていい時代。というより、自分を大切にすることで幸せになる時代だから、みんなもっと自分の幸せを考えていいんだよ」

「光の存在」として生きる

よく、「女性（お母さん）は、太陽のような存在であれ」と言われるのですが、それは男性でも女性でも同じです。

太陽でもいいのですが、私たちは「光の存在として生きる」と表現しています。そのことを、一人さんはこんなふうに説明してくれました。

「光の存在として生きるってね、人から〝こういう人になりたい〟とか、〝こういう生き方をしたい〟と思ってもらえるような存在になることだよ。

といっても、キリストを見て〝ああなりたい〟と思う人もいれば、一人さんみたく気楽に生きてるのを見て憧れる人もいるの。人それぞれ個性があるし、好みはみんな違うから、この世の全員から好かれることはできないんだけど、誰かひとりからでもそう思われたら、それは〝光の存在〟になってるってことなんだよね。

ちなみに一人さんの場合は、10万人の信者がいることよりも、10人彼女がいてくれるほうが幸せ（笑）。それが一人さんの生き方なの。

だって俺は宗教家になるほど立派じゃないし、いつも自由でいたいんだよね。

普通だったら、会社が大きくなると都心に出ていったり、自社ビルを建てたりするんだよね。だけど、そうできるお金やなんかは全部あっても、一人さんはずっと下町の新小岩《しんこいわ》という場所にい続けるの。なぜかって言うと、俺はここにいたいから。

一人さんはね、ビルを欲しいと思ったことなんてないんだよ。そういうのは、あんまり好きじゃないんだよね。で、それが俺という人間なの。

もちろん、私はビルが好きだっていうんだったら、それはそれでいいんだよ。何万人もの信者が欲しいっていう人もいていいの。ただ、自分は魅力的な10人の彼女がいたほうがよっぽど幸せなんだよね（笑）。一人さんって、そういう人間なんです。

こういう話だって、普通は事業家になったりすると隠して言わないものかもしれない。だけど、それを言っちゃうのが一人さんなんだよ（笑）。

そうすると、そういう考えの一人さんが好きですっていう人がファンになってくれるの。だから、俺は彼女10人でいいって言ってるのに、ありがたいことにたくさんのファンがいてくれるんだよね。

そういう一人さんが好きだし、自分もそうなりたいって言ってくれるんだよね。これが光なんです。

はなゑちゃん（弟子の舛岡《ますおか》はなゑさん）は、身ぎれいにしてたいの。恵美子《えみこ》さん（弟子の柴村《しばむら》恵美子さん）は、身ぎれいにして事業家やってて、華やかに生きてるんだよね。あれが光なんだよ。

みっちゃん先生には、みっちゃん先生の光があるの。

清楚《せいそ》で家庭的で、それを見本にする人もいる。

そういう意味では、**自分はどういう人間かっていうのがわかっていると、光の存在になりやすい**よね」

自分にとっての喜びが、誰かの光になる

一人さんは、「光になる人って、光になろうとしてるものだよ」と言います。

偶然光になるという人は少なくて、「この人すごいな！」ってみんなから思われているような人ほど、光になろうという思いで行動してるんだよっていう意味です。

これも一人さんから教わった例えなのですが、お風呂屋さんに行った帰りに富士山に登った人はいないですよね（笑）。

富士山というのは、「よし、登るぞ！」って決めてから登るのが当たり前で、偶然、富士山に登るような人はいないわけです。

それと同じで、富士山みたいに偉大なことを成し遂げた人ほど、最初に「私は光になるんだ。人の見本になるんだ」っていう思いを持っているものなんです。

そんなふうに言うと、光になると思うことでプレッシャーになりませんかという質問があったりするのですが、一人さんはそういう質問にはこうお答えしています。

「あのね、プレッシャーを感じるようでは、今あなたがやろうとしていることは自分に向いていないということだから、やめたほうがいいんだよ。

はなゑちゃんは、きれいになるのにプレッシャーなんか感じていないの。きれいになりたくてしょうがないんだよね。

女性が、肌がきれいになりたいって思うのも、プレッシャーではないよね？　肌がきれいになればなるほど、うれしくてしょうがないはずだよ。

だとしたら、肌がきれいになりたいという思いは本物だし、そのための行動は自分に向いているの。で、肌がきれいになれば、誰かの光になるんだよね。わかるかい？

俺が、あと10人彼女を増やすぞっていうのも、プレッシャーではないの（笑）。喜びでしかないし、それが自分に向いてるってことだよ。

プレッシャーになるようなことは、自分に向いていないし、光にもならない。そもそもプレッシャーって闇だから、それを感じること自体、向かってる方向が違うよっていうサインだよね。

これで人を助けたいとか、立派なことを考えると、変なプレッシャーで苦しくなっちゃうよ。

その点、俺があと10人彼女を増やしたいっていうのは、世間で批判を浴びることはあっても（笑）、プレッシャーにはならない。だって、あと10人も彼女が増えたら、ものすごく楽しそうでしょ？

でね、そうやって楽しいことに向かっていると、本当に彼女になりたいっていう人がちゃんと出てきてくれるものなの。これも神はからいだよ（笑）。

一人さんが新小岩という場所に事務所を出してるのも、そうすることが楽しくてしょうがないからなの。それを、〝無駄金を使わないほうがいい〟とかって我慢しているんだとしたら、楽しいどころか苦しくなる。

お金ってね、死んだらあの世まで持っていくことはできないの。だから、生きてる間に好きなことに使えばいい。一等地にお店を出せるだけのお金があって、自分がそうしたいんだったらすればいいの。いちばんダメなのは、我慢だよ」

この本を世の中に出すことがみっちゃん先生にとってプレッシャーになるんだったら、みっちゃん先生には本を書くことが向いてないってことなんです。

だけど、「少しでも読者のみなさんに楽しく読んでいただけるような文面で作りたいな」って思いながら書いていて、それがみっちゃん先生にとって楽しいことだし、プレッシャーも感じていません。

この喜びが、誰かの光になるといいなぁって思っています。

愛があれば自慢話にはならない

人の自慢話って、聞いていて嫌な気持ちになりますよね。そんな、自慢話にまつわる一人さんのお話をご紹介いたします。

「あのね、聞いていて嫌な話だから自慢話なのであって、楽しく聞ける話なら自慢話とは言わないんだよ。たとえ、前者と後者が同じ内容でも。

同じ話なのに、自慢話になるときとそうでないときがあるの。で、その違いは、話す人に愛があるかどうかなんだよね。

愛を持って話せば、それは〝楽しい話のおすそ分け〟になる。じゃあ、愛があるってどういう話かと言うと、

自分も楽しくて、相手も楽しい話

なんだよね。

例えば、あなたがイタリアへ旅行したとするよね。すごく楽しくて、誰かにその感動を伝えたい。このとき、相手の気持ちになって考えてますかってことなの。

自分が楽しかったからといって、友達に〝あなたも行ってきたらいいのに〟なんて言うと、聞いたほうはどう思うだろう。

もしかしたら、相手は時間や家庭の事情で旅行ができないかもしれないし、経済的に難しいかもしれない。そういうことも考えないで、〝あなたも行ってみたら?〟と言うのはナンセンスだよね。

だけど、あなたがイタリアで見つけたすてきなベネチアングラスをお土産に買ってきて、お友達にプレゼントするときに、〝いいところだったよ〟って写真を見せてあげたりするのなら、相手は怒ったり悲しんだりしないよね。お土産話を、喜んで聞いてくれるんじゃないかな。

結局、**相手のことを考えながら話せるかどうか**なんだよ。

愛がなければ、ただの自慢話になる。でも愛があれば、同じ話をしても、相手は

〝楽しい話を聞いた〟ということになるんだよね。

大事なのは話の内容じゃなくて、〝今日はこういういいことがあったから、あなたにもおすそ分け〟っていう**愛の気持ちがあるかどうか**。わかるかい？

ただね、世の中には愛のある話でもイラ立つ人っているの。どんなにこちらが愛を持って話していても、相手にひがまれたり、ねたまれたりすることがあるんだよね。

そういう場合は、無理にその人とつきあう必要はないの。

あるいは、その人の魂が成長するまで距離を置いて、あなたの話を喜んで聞けるようになるまで待っててあげててもいいんだけど。

いずれにしても、相手のマイナスの波動につきあわないこと。

そして、自分が人の話を聞く立場になったときには、〝自慢話ばっかりして、嫌な人だな〟とか、〝この人ばっかりいい思いをしてズルい〟とか思わないで、〝いいことがあってよかったね！〟〝すてきだなー、私もそうなりたいな〟っていう気持ちで話が聞けたらマルだよね。

そんなふうに思える人は神様が味方してくれるから、どんどん幸運がもたらされるものだよ」

魂には段階がある

かといって、人の自慢話を肯定的にとらえるのは難しいものですよね。そういう気持ちもよくわかるのですが、一人さんのこの話を聞けば、心が軽くなると思います。

「何でも段階があるのと同じでね、**魂にも成長段階がいくつもある**んだよ。で、自慢話しか言えない人っているんだけど、そういう人は、魂がまだ成長してないからなの。どうして一人さんは自慢話をしないんですかって、俺はそういう魂の段階を通り越してきたから、自慢話を言わないですんでるだけなんだよね。

でも、自慢話をしちゃう人もいる。それは、ピラミッドの階段をだんだん上へあがっているんだけど、まだ〝自慢話をする〟というステージを抜け切れていないわけ。で、そういうステージも、魂が学ぶためには必要なんだよね。わかるかい？

一人さんのお弟子さんでもね、男の子なんかは外へ行くといばっちゃうのがいたの。俺はいばるのがいちばん嫌なんだけど、そのお弟子さんはいばりたい時期だったからしょうがない。いくら俺がやめろと言ったって、そのときは隠れてやるんだよね。

一人さんの弟子なのにあんなことをするんですかって、デキが悪いから弟子にしたんだよ。デキがよかったら、俺が弟子になってるよ（笑）。

だけどそのうちにだんだん、いばったり自慢したりすることがみっともないってわかってきて、今ではやらなくなったんだよ。

師匠は、その時を待ってやらなきゃいけないの。

かく言う一人さんだって、未熟だった頃は〝俺の名前を使っていばって、俺の名前に関わるじゃないか〟なんて不快に思ってたことがあったんだよ。けど、そう思うことが未熟なんだよね。

世間ってもっと頭がいいから、いばったりしない一人さんのことは、そういう一人さんとして見てくれてるの。お弟子さんが〝未熟なんだね〟と見られるだけで、一人さんとそのお弟子さんが同一視されることはない。

そういうことも、魂が成長しないとわからないんだよね。

おかげさまで、今はそういうこともよくわかるようになったから、お弟子さんが何をしても笑ってゆるせるんだよ」

もしあなたの周りで自慢話をしたり、いばったりする人がいる場合は、「この人は、まだ魂の成長段階にあるんだな」って思えばいいんですよね。そして、一人さんみたいに笑ってゆるせるようになるといいですね。

つらい時は自分と向き合う

一人さんのそばにいると、たくさんのかたからさまざまな相談を受けるのを見ることになるわけですが、その中でも特に多いのは、「どうしようもなく落ち込んだとき、即効で元気になれるおまじないのようなものはありませんか?」というものです。

さて、一人さんはこの質問にどんなふうに答えるでしょうか?

意外かもしれませんが、「それはないよ」なんです。

「ひどく落ち込むようなその出来事は、今の自分に必要なことだから起きてるんだよね。あなたは、そこから学ぶものがあるんですよっていう、神はからいで起きていることなの。

例えば、同じように悩みを抱えている人の気持ちを知らなきゃいけないとか、そういう人たちに優しくならなきゃいけないとか、同病相憐《あいあわ》れむようにならなきゃいけないとか、そこには何か学びがあるんだよ。

そして、学ぶべきものをしっかり自分の中に吸収したら、何年後かにその経験が役立つときが来るの。

だから、**今は苦しいかもしれないけれど、落ち込むときは思いっきり落ち込んだほうがいい**んだよね。

抜け出せない自分を見つめて学びを得る。それによって魂を成長させるために、あなたが自分でそういう定めを選んで生まれてきたんだよ。

落ち込みが長くかかってしまっても、そういうときは長くかかったほうがいいからなの。それもまた、神はからいだよ。

ただ、**苦しみを軽くする方法が一つだけあるとしたら、〝このことは、神はからいなんだ〟と理解すること。**

あなたが今、大阪に行きたいとして、乗っている列車の行き先がわからなかったり、東北行きの列車に乗ってたりするんじゃ困るよね。でも、ちゃんと大阪行きの新幹線に乗っているんだってことがわかれば、列車の中であたふたしないで済む。時がくれば間違いなく大阪に着くから、安心して乗っていられるよね。

つまり、神はからいで起きていることだとわかっていれば、同じ落ち込みでも、安心して落ち込んでいられるんだよ。いずれ問題が解決して幸せになれるとわかっていれば、それほど焦ることもないよね。

今の苦しみは、あなたが選んできた修行なの。そして、自分で選んできた定めは、必ず乗り越えられるようになっている。

だから、あまり不安にならず、じっくり自分に向き合ってごらん」

第3章

あなたはもうお金のことで悩まなくていい

一人さんにとって、お金は「得点表」

一人さんにとって、お金とはどういう存在なのかな……と思い、聞いてみました。するとおもしろい答えが返ってきましたので、ご紹介いたしますね。


「俺にとってお金は、便利なもの、ないと困るもの。それだけかな。

それから、テニスやなんかのスポーツって、得点を競い合うよね。サッカーでも何でも、得点で勝敗が決まる。一人さんにとってね、お金って、その得点表と同じようなものなの。

どういうことかって言うと、自分がいいと思う商品をお客さんに出して、それをお客さんが買ってくれるっていうことはね、その商品に金額以上の価値を認めてくれたからなんだよ。商品の価格が1万円だとしたら、1万円以上の価値があると思ってくれたから買ってくれるの。

ということは、いいものを提供してお客さんに喜ばれているということ。これは、ひとつの得点表だよね。1000円のものが売れると、1000点。1万円のものが売れると、1万点っていう得点なんだ。

得点がプラス（黒字）の間は、お客さんに喜んでもらえているってことだよね。だけど、もしマイナス（赤字）になってくると、それは自分が世の中の役に立つ商品を出していないということ。

そういうふうに、**一人さんはお金を得点表だと思ってる**の。でね、得点を取るのが楽しいだけで、獲得した得点をどうしようなんて考えはあんまりないんだよね。

それで幸せなんですかって、幸せなの。もともと俺はそれほどお金を使わないしね。お寿司屋さんに行っても、好きなものを食べてるだけなんだけど、好きなものがたまたま安いものばっかりなんだよ（笑）。

あのね、お金って放っておいても税金で出ていったり、それで残ると奥さんが使ってくれたりして、使うのはいくらでも協力してくれる人がいるの（笑）。だから、一人さんはお金の使い道を心配しなくてもいいんだよね。

一人さんってね、お金があろうとなかろうと、いつも幸せなの。で、いちばんうれしいのは、周りの人の役に立つこと。それがいちばん幸せなように、神様が作ってあるの。神はからいで、俺はそうなってるんだよね。予定していたドライブをキャンセルしてでもこの本のお手伝いに来たってことは、ドライブよりもみっちゃんの役に立てるのが楽しいからだよ。神様が、俺をそういうふうに作ってくれてるんだね」

なんて優しくて、愛情深いお師匠さんなのでしょうか。みっちゃん先生はいつも、そんな一人さんの深い愛情に守られ、導かれながら、安心して人生を歩むことができています。

本当に、感謝の気持ちでいっぱいです。

ズバリ、必ず豊かになれる秘策とは?

みっちゃん先生は若い頃、経済的に苦しい時代がありました。だから、お金がなくて悲観的になる気持ち、とってもよくわかります。でも、お金がないからって落ち込んでいても、ますます落ち込むような状況がもたらされるだけなんですよね……。

経済的に余裕のある生活を手に入れたかったら、まずあなた自身が毎日機嫌よく、人生を楽しまなきゃいけません。

一人さんは言います。

「どんなにお金がなくても、まずは今あるお金で幸せになることを考えてみてごらん。**今あるお金で心から楽しんでいれば、もっともっと楽しくなるような現実がもたらされるから、あなたに必要なお金はいくらでも手に入るはず**なの。

もし〝お金がなかったら、どうしても幸せになれません〟って言うんだったら、とにかくお金持ちになることを考えたらいいよ。お金持ちになることって、そんな難しくないから。

例えば陸上選手なら、人よりちょっとでも速く走れたらいいんだよね。たった一歩でも先にゴールしたら、金メダルがもらえる。

お金持ちになることも、それと同じなの。商売をして儲《もう》けようと思うんだったら、競争相手よりちょっとでも優秀なら勝てるんだよね。

じゃあ、どんな商売をしたらいいですかって言うんだけど、何の商売でも儲からないものは存続できないんだよ。存続できるってことは、必ず儲かってるということ。

だから、存続してる商売からヒントを得たらいい。

で、競争相手より自分がちょっとでも優れていればいいわけだから、そうなれるような努力をすればいいの。

具体的に言うとね、本を１００回読んでごらん。だけど、その１００回って、いろんな本を１００冊読むってことじゃないんだよ。


『道は開ける』

『人を動かす』（いずれもデール・カーネギー著、創元社刊）

この二冊を、50回ずつ読むんだよね。

ここに書かれている内容がバッチリ頭に入ったら、何をやっても絶対に成功する。

一人さんが自信を持ってオススメするのが、この二冊なの。道の開き方と、人の動かし方を知っていれば、どんな相手よりも優秀になれる。どんな商売をしても勝てる。

たった二冊の本を読破するだけで、仕事でも何でもうまくいっちゃうんだよね。一人さんはカーネギーの本を50回読んだんですかって、読んでないの。だけど、普通の人は50回読んだほうがいいってことがわかるの。だからそう言うんだよ」

この二冊が頭の中にしっかり入っていると、まず、オーラが変わってきます。知識量の違いが、オーラとしてにじみ出てくるんですね。

オーラが出るほどの知識が身につけば、どんな道でも成功します。心配せず、絶対に成功すると信じて、50回ずつ読んでみてくださいね！

行き詰っていた人生が動き出す

たくさん本を読んでいるのにうまくいきません、というかたの場合は、「いろんな本を読みすぎなんだよ」と一人さんはおっしゃいます。

「本を読むのはいいことだから、本が好きな人はたくさん読んで欲しい。だけどね、本が苦手という人は、無理にあれこれ読んでも頭に入らないし、疲れて本を読むことがますます嫌になるだけなの。

その点、『道は開ける』『人を動かす』の二冊だけ読めばいいんだったら、ずいぶん気持ちが楽になるんじゃないかな。しかも、この二冊を読むだけで、誰でも絶対に成功できるわけだから。

で、この二冊を手に入れたら、かわりばんこに50回ずつ読んでごらん。

一冊の本を連続で50回読むよりも飽きにくいし、もう一方の本を読んでいる間に忘れてしまった内容を、次に読んだとき〝あ、そうだった〟と思い出して、記憶に残りやすくなるからね。

人が悩むのは、要するに〝人生に行き詰る〟からなんだよね。そのとき、道を開く方法がわかれば格段に生きやすくなる。

それと、〝こうやると解決するよ〟という方法を人に教えてあげられるようになれば、重宝されるよね。そんな人は、どこへ行っても必要とされるの。

それに加えて、人を動かす方法まで知っていれば、人間関係はいっそうスムーズに運ぶよね。

これだけ優秀な人が商売を始めたら、一番になるに決まってるよ。「絶対に成功する」

今、人生に行き詰っていると感じているかたは、その原因がお金のことであれ、仕事のことであれ、人間関係であれ、病気であれ、この二冊を手に取っていただきたいと思います。その瞬間から、あなたの人生は大きく動き始めることでしょう。

「本当にいいもの」は最初からオトク

一人さんと本の話をしていて、やっぱり一人さんってすごいなぁと思った内容があります。

「ある人にね、〝カーネギーの本もいいと思うのですが、一人さんの本を50回ずつ読むのではいけないんですか？〟って質問されたんだよね。だけど、それじゃダメなの（笑）。なぜかって言うと、向こうのほうが優秀だから。あのね、人を救うときには、自分の本を勧めるべきじゃないんだよ。**困ってる人を助けるためなんだから、いちばんいい方法を教えてあげなきゃいけない。**

一人さん流のやり方ってね、自分の本を勧めたいんじゃなくて、困ってる人を助けたいんだよ。で、俺の知ってる範囲でいちばん人が助かるのは、カーネギーの二冊なんだよね。だから、俺の本なんて読まなくていいから、カーネギーを読みなって。ただね、そういうのをサラッとやっちゃうから、俺のファンになってくれる人が出てくるんだよね。〝そういう一人さんだから、一人さんの本も読みたい〟って言ってもらえるんじゃないかな。ありがたいね。

とにかく、『道は開ける』『人を動かす』の二冊を、50回ずつ読んでごらん。

それから自分のやりたい仕事をやってみるといいよ。そうすりゃ、何やったってうまくいくし、必ずお金持ちにもなれる。

この二冊の本を50回ずつ読んだら、どんな競争相手よりも強くなれるの。相手の社長に負けない強さが身につく。だから商売がうまくいって儲かるんだよ。でね、本をたった二冊買うだけでいいから、ものすごく安上がりなの。本を100冊読むとして、新しい本を買おうと思えば、一冊1500円なら15万円かかるよね。それが、二冊だったら3000円で済んじゃうの。計算すると、14万7000円もトクすることになるんだよ」

一人さんいわく、トクする話というのは、最初からおトクなんだそうです。儲かる話というのも、最初から儲かるもの。

つまり、「最初に100万円払ったら、後でその何倍も儲かりますよ」みたいなうたい文句の儲け話はちょっと怪しいと思ったほうがいいということなのです。

学んでいる人には「愛ほっと」

お金の話では、パートナーや大切な人の浪費で困っているケースが多いんですよね。そういう場合、一人さんは必ず「放っておけばいいんだよ」とアドバイスされます。

放っておくと言うと冷たいように感じられますが、そうじゃないんですね。一人さんの放っておくは、「愛ほっと」なんです。

「愛ほっとと言うのは、愛を持って放っておくこと。要は、浪費している相手のことを、愛を持って見守ることなの。

どうして放っておくのかというと、人が問題行動を起こしている時って、そのことを通じて魂が学んでいるから。浪費家の人なら、お金をじゃんじゃん使うことでどうなるかということを学んでるんだよね。

計画性なくお金を使うと、当然だけどお金に困るようになる。そのことで、お金の大切さや貯金することの意味やなんかを学んでるの。

だから、途中で手助けをしたりすると、せっかく学んでいるのを邪魔することになる。**相手のことが大切であればなおのこと、とことん行動させてあげて、自分で気づかせてあげなきゃいけないん**だ。

もし、身近な人が困った行動をしていたら、愛ほっとで見守りながら、あなた自身はそういう行動をしないようにすればいいんだよ。

もし、見守っているうちにパートナーがどんどん家のお金を使い込んじゃって、家族が路頭に迷うようなことになりかねない場合は、パートナーと離れること（離婚）も視野に入れたらいい。

もちろん、もっと早くにパートナーが気づいてくれるのがいちばんだけど、たとえ別れることになったとしても、あなたが自分を責める必要はないの。

離婚という形も、あなたやパートナーにとって必要な〝神はからい〟だからこそ、そういう現象が起きているんだよ」

お金に執着する人は、とことん執着していい

お金って、生きていくためにはなくてはならない大事なものですよね。それだけに、お金に執着してしまうことがあると思います。

ですが、それも自分が執着することで学ばなければならない時期にあるということなんだそうです。

一人さんはおっしゃいます。

「あなた自身が〝今世は、お金のことを学ぶ〟と決め、お金に執着するような定めを持って、この世に生まれてきたんだよね。だから、お金に執着することから学びを得るまでは、その執着は消えないの。

だから、〝今はお金に執着することで、お金について学ぶ段階なんだ〟と理解して、お金に執着している自分をゆるしてあげることだよ。

いくらお金に執着しても、そのことで豊かになれるわけではない。執着した人ほどお金が貯まるのかというと、そんなこともない。

いずれ、そういうことが心からわかる時がくるの。そして、**〝お金に執着しても意味がない〟ということが真に理解できたとき、あなたはその執着から解放されるよ**。

執着してどうしようもないときは、身を任せてどっぷり執着すればいい。それもまた、神はからいだからね。

それと、どんな魂でも一足飛びに成長することはできないよ。一段一段、一歩一歩、少しずつ成長していくものなんだ。

焦っても行き詰るだけだよ。ゆっくり着実に、自分のペースで魂を成長させようね」

どうでもいい。どっちでもいい。どうせうまくいくから

つい見栄を張って散財してしまった……そんな経験、みなさんにはありませんか？

見栄を張っても仕方がないとわかっているのに、人はどうして見栄を張ってしまうのでしょうか。

その背景にあるのも、神はからいなんです。

今は、見栄を張ることが自分に必要な時期。学び終えるまで、その修行は続きます。けれども、そのうちに見栄を張ることがどうでもよくなってきて、自然と見栄を張ることもなくなります。それが、学ぶということなんですね。

見栄を張るのには、ちゃんと意味があります。

ですから、すぐに見栄を張ってしまう自分はダメな人間だとか、そんなふうに思う必要はありません。今の自分は、魂が「見栄を張っても仕方がない」とわかるための修行をしている段階なんだと思って、しばらくは見栄とつきあっていけばいいのです。

一人さんは、いつもこうおっしゃいます。


「この世の中にはね、ダメな人はいないの。ダメなものもないよ。

すべては、学びの段階にあるだけのことだから、たっぷり学べばいい。

それを、見栄を張ってる奴は今にひどい目に遭うぞって、そういうことを言う人がいるとしたら、そのほうがおかしいんだよ。

魂が修行をしているんだから、いいことしか起きるはずがないの。修行を終えた時、その人には最高にいいことが起きるからね。

それとね、この言葉を覚えておくといいよ。

どうでもいい

どっちでもいい
どうせうまくいくから

これが一人さん流なの。

自分に起こることはすべて、それをやっていると必ずうまくいくようになってるんだよね。だから、周りが心配しなくても大丈夫なんだ。

ただし、グチや悪口はダメだよ。グチや悪口を言いながら成功しようとしても、それは無理だからね。逆に言えば、それさえ言わなけりゃ、人生はうまくいくようになってるということ。

だから、グチや悪口はやめて、今のステージでとことん学んでごらん。そうすれば、絶対にうまくいくよ」

第4章 仕事で成功するのは超簡単

これをやれば100%仕事で成功する

仕事で成功するには、まずグチと悪口をやめること。そして、カーネギーの『道は開ける』『人を動かす』を50回ずつ読むこと。

たったそれだけで、あなたの人生は180度変わるといってもいいくらい、いろんなことがうまくいくようになります。

グチや悪口を言わないと決めた瞬間から、あなたはもう、別の人になったのと同じ。別の人には、別の人生が待っていると一人さんは言います。

「別の人生を生きたい時は、何かを変えなきゃいけない。毎日同じことをしながら別の人生を生きることはできないんだよね。

例えば、NHK以外のテレビを見たいのに、じっとしているだけでは勝手にチャンネルは変わらない。チャンネルを切り替えることをしないで〝ほかの番組が出ないなぁ〟って、それは当たり前なの。

ほかの番組が見たいのなら、自分で動いてチャンネルを切り替えるしかないんだよ。それと同じように、**あなたが違う人生を歩みたいと思うのであれば、違う人生になるよう構成要素を変えたらいい**の。

グチや悪口をやめて、カーネギーの本を二冊読めば、あなたの構成要素は確実に変わる。だから、仕事も必ず成功するよ」

今の自分にちょうどいいものが与えられる

今、日本には「仕事が大好きで、一生懸命働いているのに豊かになれない。不況でお給料は下がるばかり……」というかたがたくさんいらっしゃると思います。仕事を楽しんでいるのに、それに反比例するようにお給料が下がるって、何だか宇宙の法則から外れているような気がしますよね。

そんな疑問に対して、一人さんはこう教えてくれました。

「何か学ぶべきことがあるから、そういう現象が起きているんだよ。これもね、神はからいなんだ。

人生というのは、今の自分にちょうどいいものが与えられるものなんだよね。

今の自分にちょうどいい夫
今の自分にちょうどいい職場
今の自分にちょうどいい友達
今の自分にちょうどいいお給料

そんなふうに、すべては今の自分に見合ったものが引き寄せられる。

だから、もし不幸が続くんだとしたら、グチや悪口を言ったり、ネガティブな感情を持っていたり、必ず何か原因があるはずなの。


グチや悪口ってね、嫌なことが起きたから言ってるわけじゃないよ。嫌なことが起きる前から言ってるんだよね。そのことが、今の現実を呼び寄せてるの。

あのね、〝はじめに言葉ありき〟なんだよ。で、思ってることが現実になる。

仕事を一生懸命やってるのに給料が下がったとか、楽しく仕事をしてるのにうまくいかないとか、自分は価値が認められてないとかって、グチや悪口を言ってないだろうか？　無意識のうちに、上司の悪口を言ったり、同僚の悪口を言ったり、会社の悪口を言ったりしていないかい？

うまくいかない人ってね、必ず言ってるの。

だけどね、〝グチや悪口ばっかり言ってる自分はダメな人間だ、成功する資格がない〟だとか、そんなことは思わなくていいんだよ。

いけないことをしちゃってると気づいたんだから、今からやめたらいいの。遅すぎることなんてないんだよ」

グチや悪口を言わない人は、たとえ会社が倒産したり、リストラされたりしても、必ずうまくいきます。再就職先の会社からものすごくいい待遇で迎えられたり、自分の腕を生かして独立したら大成功したり……そんな、自分でも驚くような幸運に恵まれるものなのです。

名前が自分を作る

グチや悪口を言わないで仕事を楽しんでいると、魂の段階が変わって、おもしろいほど仕事がうまくいくようになります。

反対に、グチや悪口を言ったり、心配したりしていると、もっとグチを言いたくなるようなことや、心配になることが起きてしまいます。心配しなければ、心配するようなことは起きません。

すべては、自分の思いが先。プラスのことばかり考えている人は、もっと楽しくなるようなことや、うれしくなるようなことを引き寄せられるんですね。

この「思いが先」の法則を利用すれば、名前から理想的な自分をつくりあげることもできます。

例えば私の「みっちゃん先生」という名前。これも、一人さんが「思いが先だよ」と名づけてくれたものです。

みっちゃん先生はもともと、商人として一人さんの弟子になったわけではありませんでした。最初は、一人さんに手相や人相、血液型などの占いを教えてもらっていました。占いで、世の中の人のお役に立ちたいって思っていたからです。

一人さんに占いを教わった後は、知り合いを占ってあげたりしていたのですが、そのうちに産経新聞で占いのコーナーを持てることになりました。

当時、みっちゃん先生は産経新聞社の下町支局でアルバイトをしており、みっちゃん先生が占いをしているという話を聞きつけたスタッフのかたが、占いコーナーを持ってみないかと声をかけてくださったのです。

天にも昇る気持ちでお引き受けし、そのことを一人さんに報告したところ、「じゃあ、名前を変えよう」ということになりました。

「みっちゃんさ、何かの先生になるんだったら、先に名前を先生にしちゃおうよ。みっちゃんという呼び名も親しみがあっていいけど、そこに〝先生〟をつけると、威厳も感じられるし、すごく尊敬されてる感じがしていいよね。みっちゃん先生って、すごくいい名前だよ。

それとね、先生になる前からみっちゃん先生って名前にしちゃうのは、ものすごい意味があるんだよ。みんながみっちゃん先生と呼んでくれて、自分もみっちゃん先生になると、みっちゃん先生としての人生が始まるの。**みんなの思い、自分の思いが先行して、本当に先生としての道が開ける**んだよ」

そんなふうに一人さんが提案してくれて、私の名前は「みっちゃん先生」になったわけです。

おかげさまで、この『みっちゃん先生の占い・人生相談コーナー』は大好評。読者のかたがたから「みっちゃん先生のアドバイスで元気が出ました！」「悩みが解決しました！」などたくさんのメッセージが寄せられ、うれしいことに、その後何年もコーナーを続けさせていただけたのです。

そればかりか、歌手の瀬川《せがわ》瑛子《えいこ》さんとともに、ニッポン放送のラジオ番組に出演させていただいたこともあります。

素人だったみっちゃん先生が、新聞紙面で連載を務め上げ、ラジオ出演まで果たすことができたのは、一人さんが「みっちゃん先生」と名づけてくださったおかげです。名前に「先生」と入れただけで、ちゃんと先生らしくなれたのですから、本当に不思議ですよね。

一人さんは、よく「将校を育てたいんだったら、まず将校の服を着せることだよ。そうすれば、自然と将校らしくなるからね」と言います。

本当に、その通りだと思います。

もし、あなたに「こういう自分になりたい」という理想像があるのなら、それらしい名前にしたり、それらしい服装をしたり、それらしい言葉を使ったりしてみてください。そうすれば、必ず思った通りの自分を手に入れることができますよ。

光になれば、勝手に上へあがる

一人さんのそばに行くと、みんな成功します。それは、ほかの指導者とはまったく論法が違うからなんですよね。

そんな一人さんの論法を象徴するようなお話をご紹介しますね。

「人の上に立ちたかったら、上に立つ努力をするよりも、明るくなればいいんだよ。蛍光灯だって上にあるだろう？　明かりを下に置く人っていないんだよ。絶対、みんな明かりは上につけるの。

それと同じように、**自分が光になっちゃえば、みんなが放っておかないで上にあげてくれる**んだ。

あのね、人を蹴落としたり、必死に努力したり、無理して上にあがろうとするからいけないんだよ。明かりは、上にあげるものと決まってるの。だから、明かりになるのがいちばん早いんだよ。

太陽だって、世の中の中心で、いちばん上にあるよね。神もそうするし、人もそうするようになってるんだよ。

だから俺は自分から有名になろうとしたこともないのに、本を何冊も出してもらえるの。世間が俺のことを明かりだと思ってくれて、上にあげてくれたからだよ」

この明かりの話、とってもわかりやすいですよね。

人から「あの人みたいになりたい」「あの人みたいな生き方をしたい」と思ってもらえるようになれば、勝手に周りが上にあげてくれます。だから、苦しくなるような努力をしなくても成功できる。

そのことを、一人さんが身をもって証明しているのです。

好きな仕事に出合えるまで、何度でも転職していい

仕事で成功したい。だけど、自分がどんな仕事に向いているのかわからない……。そんな悩みを抱えていらっしゃるかたへ、どうすれば好きな仕事が見つかるのか、一人さんにメッセージをいただきました。

「仕事ってね、何回替わってもいいんだよ。楽しい仕事に出合えるまで、いくらでも転職していいの。

楽しいことって、ワクワクするんだよね。で、何にワクワクするのかっていうと、車のタイヤを替えてるときかもわかんないし、ペンキを塗ってるときかもしれな

いし、それは自分にしかわからない。

世間でいいと言われてる仕事もやってみればいい。だけど、やってみたらワクワクしない場合もあるんだよ。反対に、普通の人からはあんまり人気がない仕事でも、自分には向いているかもしれない。だから、何でもやってみることだね。

俺たちの人生に、失敗はないんだよ。

失敗っていうのは、やらなかったことだけ指すの。行動しないことを、失敗って言うんだよね。

だから、**どんな行動でも、あなたがやったことには失敗はないよ。人生に失敗はない。経験が残るだけ**だからね。

世間では、何度も転職してると、仕事が長続きしないダメな人と見られやすいかもわからない。だけど、それは間違った考え方だよ。

転職を繰り返している人は、自分に向いている仕事を探しているところ。そんなふうに見てあげるのが正解なの。

そして、もし自分自身が転職を繰り返しているんだとしたら、〝今は、自分に合う仕事を探してるところなんだ〟と思えばいいんだよね。人が思うより前に、まず自分がそう思うこと。

転職ばかりして自分はダメな人間だとか思ってるとしたら、それがいちばん悲しいよね。

あなたは、自分に向いてる仕事を探してる〝開拓者〟なんだよ。自分の中で、宝島を探してるの。

あきらめないで開拓してごらん。時がくれば、きっとすばらしい宝島が見つかるからね」

「愛顔愛語」で誰とでもうまくいく

女性が男性の部下を持ったり、自分より年齢が上の部下を持ったりすると、仕事がやりにくいことがあると思います。でも、一人さんいわく、「そういう人ってね、自分のほうが〝やりづらい〟と思っているからなんだよ」です。

男性（女性）だから使いづらいとか、自分より年上の人は使いづらいって思うのは、どこかで自分がそういう観念を持っているからなんですね。だから、実際にそういうふうに感じてしまうんだそうです。

一人さんの話は続きます。

「軍隊ってね、二等兵や一等兵より、上等兵のほうが偉いの。年なんか関係ないんだよね。組織もそれと同じ。それなのに、みんなどこかで男性のほうが上だとか、年齢が上のほうが偉いと思っちゃってるんだよね。

軍隊でも組織でも何でも、優秀な人が導けばいいの。

例えば、今あなたが初めての場所にいるとして、そこから最寄りの駅まで行きたいとするよね。でも、道がわからない。

だとしたら、通りがかりの小学生にでも聞いて教わればいいの。で、教わった通りに従えば、駅にたどりつけるよね。

そうやって、年齢とか性別に関係なく、先に知ってる人が教えたらいいだけのことなんだよ。それが当たり前なの。

でね、年下が教えると生意気に見えるだとか、年上には指示しづらいとかって、それは愛を持って話してるかどうかなんだよ。

サラリーマンって、どうせ誰かに使われるよね。だとしたら、誰だって愛のある人に使われたいんだよ。

あなたの言い方に愛はあるかい？
愛を持って指示しているかい？
愛のある顔でしゃべってるかい？

〝和顔愛語《わがんあいご》〟っていう言葉があるんだけど、一人さんは〝愛顔愛語《あいがんあいご》〟って言うんだよね。人を安心させるような笑顔と、思いやりのある話し方で人に接するという意味で、要は、愛がありますかってことなの。

年上も年下もないよ。男性も女性も関係ない。**老若男女、誰に対しても愛のある顔で、愛のある言葉を話すこと。**

そのことを覚えておけば、年上の部下ができようが、男性の部下ができようが関係ない。どんな相手ともスムーズに仕事ができるものだよ」

これはたとえ話なのですが、一人さんって、目の前に総理大臣が来ようが、超有名なスーパースターが来ようが、いつもと全然態度が変わらないと思うんですね。それこそ、近所のおばちゃんと世間話をしたり、私たちと雑談したりしてる時と同じ。

普通は、偉い人が来ると急にかしこまって丁寧語を使い始めたりするものなのですが、一人さんは絶対にそういうことがない。

なぜかというと、普段から愛のある言葉しかしゃべってないからです。相手によって変わったりしない。いつも、一人さんは一人さんなんです。

「自分より偉い人だから丁寧語を使って、下だからいばっていいとかって、俺はそういうことができないの。だって、そうするといちいち相手の職業を聞いたり、年齢を聞いたり、いろんなことをしてから自分の態度を決めなきゃいけないよね。そのほうがよっぽど面倒だよ（笑）」

そう言って、一人さんは誰に対しても丁寧に応対するし、笑顔を絶やさないんです。

確かに、一人さんのように誰に対しても愛顔愛語の精神で接していると、本当に気楽です。人によって態度を変えるほうがよっぽど疲れるのに、どうして世間の人は、相手を見て自分の態度を決めるのでしょうか。不思議です（笑）。

愛のある言葉や笑顔は、国が違っても関係ありません。世界じゅう、どこでも通用する「世界共通語」なのです。

嫉妬は「あなたにもできるよ」という魂からのお知らせ

仕事ができる人を見ると、「自分もあんなふうに仕事ができるようになりたいのに、いつも失敗ばかり……」「顔晴《がんば》ってもあの人みたいになれなくて、自分の能力の低さに情けなくなる」って嫉妬することがあると思います。

そして、そんなふうに嫉妬している自分が嫌になって、「私はどうせダメなんだ」っていうネガティブなループにはまり込んでいってしまうんですよね。

なぜこんなにネガティブになるかと言うと、嫉妬心ってものすごく厄介なもので、いけない感情のように捉えられているからだと思います。

でもね、嫉妬したからって、あなたがダメな人間ということではありません。そもそも、嫉妬は悪い感情ではないのですから。

一人さんの、目から鱗《うろこ》が落ちる話をご紹介しますね。


「嫉妬心が湧くってね、それが自分にもできるからなんだよ。だから、嫉妬した時は、自分もそれをやってみればいいんだよね。

あのね、明らかに自分にはできないことをやってる人を見た時っていうのは、感心するしかないの。嫉妬心なんて湧かないよ。

例えば、オリンピックで体操を見てるとね、鉄棒やなんかでグルグルーッと回って、パッと着地する人ばっかりだよね。で、その人たちを見て、あなたは嫉妬するかい？

もし嫉妬するんだとしたら、同じことがあなたにもできるってことだから、やってみたらいいよ（笑）。

だけどね、普通の人は、あれを見てびっくりしたり感心したりすることはあっても、嫉妬はしないよね。自分には到底できないと思うことに対しては、嫉妬しないようになってるの。

だから**嫉妬したときは、自分もやってみりゃいい。あなたにもできる能力があるよ、やってごらんっていうこと**なんだよ。

で、挑戦したけどダメだったときはどうなるんですかって、そのときは〝あの人はすごいことをやったんだな〟っていうのがわかるから、嫉妬じゃなくて尊敬や感心に変わるんだよね。

俺なんかね、ゴルフってやったことがないから、あんなの簡単に入るだろうって思ってたの。そうしたら、一回やってみたら全然入らない（笑）。あんな小さいボールを、たった数回のショットでホールに入れるなんて、ゴルファーってすごいよね。

何でもやってみることだよ。

この地球は行動の星だからね、まずは行動してみること。そうすると、嫉妬するんじゃなくて、これは尊敬しなきゃいけないんだとか、大事なことがわかる。

嫉妬してる場合じゃないんだよね。行動して、挑戦することだよ」

嫉妬は、「あなたもできるよ、行動してごらん」という魂からのお知らせ。だから、もし嫉妬心が湧いてしまったら、自分は今行動しなきゃいけない時期がきたんだなって、挑戦してみてください。

嫉妬することも、神はからいで起きていることなんです。

魂が「レベルアップのチャンスがきたよ！」と騒いでいるのが嫉妬だと思えば、もう嫉妬は苦しいものではなくなりますよね。むしろ、嫉妬している自分に、ワクワクしてくるのではないでしょうか。

誰にでも「夕＝結」の時期がある

ある女性が、こんな悩みを抱えていらっしゃいました。

「私は専業主婦なのですが、仕事をしている女性を見ると、活き活きと働いていていてまぶしいです。子どもも大きくなったし、そろそろ私も働きたいと思うのですが、長年のブランクを考えると躊躇《ちゅうちょ》してしまいます。勇気を出して一歩踏み出すには、どうしたらいいでしょうか」

そこで一人さんに聞くと、こんな答えが返ってきました。

「あのね、それもやっぱり悩む時期なんだよね。働きたいんだけど、勇気が出ないっていう時期なの。

魂って、いきなり成長することはできないんだよ。

地球だってね、昼からいきなり夜になることはないよね。必ず、夕方という中間がある。〝夕〟っていうのは、昼と夜を結ぶ〝結《ゆう》〟と同じなの。

魂にも、結の時期があるんだよね。

この女性の場合なら、働きたいけど働けないっていう結の時期があって、そこで学ぶことがあるの。

それで、やっぱり働かなくていいっていう結論に至る人と、働きたいっていう結論になる人がいる。どちらがいいとか悪いとかじゃなくて、自分に合った答えだったらそれでいいんだよね。

でね、迷っていいたいのは、迷うことを楽しんでるってことなの。

迷うってことは、どうしても働かなきゃいけない環境じゃないよね。ということは、迷えるだけのゆとりがあって幸せだということ。

お金がなかったら、働かざるを得ないよね。迷ってる暇なんてない。それを考えたら、**迷えるというのは、それだけで幸せなこと**なんだよ。

いちばんいけないのは、迷っている自分を不幸だと思っちゃうこと。

それに気づけば、魂が一段成長するの。そうすると、魂が成長したことで、違う展開が見えてくる。世の中が見えてきて、いいことが起きるんだよ」

光になって出世する方法は二通りある

あなたが今、「働きたいけど、働けない。でも……」ということを繰り返し口にしていたとします。すると、それはグチですから、ますますグチを言いたくなるようなことが引き寄せられてしまいます。

グチって、自分の悪口を言っているのと同じ。だから、自分を大切にするためにも、グチはやめなきゃいけないんです。

一人さんはよく、「グチを言ってるから、そういう人生になるんだよ。不幸な人生だからグチを言ってるんじゃなくて、グチを言ってるから不幸が呼び込まれるの」とおっしゃいますが、その通りなんです。

人間は、思いが現実になります。自分の思った通りのことが、現実として呼び寄せられるものなのです。

例えばお医者さんでも、ベテランなのに遠慮がちな先生もいれば、まだ新米なのに名医のようにふるまう先生もいます（笑）。そうすると、後者の先生は生意気だって言われたりするかもしれないのですが、結果的にはそういう先生が名医になるんだと一人さんは言います。

「**必ず、思いが実現する**んだよ。だからね、出世する人とか成功する人は、思ってることが最初から違うの。

どういうことですかって、世間はすぐ謙虚にしなさいよとか言うんだけど、そういう判で押したようないい人っていうのはね、いい人にはなるの。人当たりがよくて、敵もできないんだよね。だけど、出世は難しいかもしれない。

やっぱり、ある意味では野心も必要なんだよね。

ただね、出世するぞっていう野心も光なんだけど、俺みたく野心なんて全然持ってなくても光になる方法もあるの。

野心家っていうのは、自分で山を登っていくんだよね。反対に俺みたいなタイプは、世間が押し上げてくれちゃうの。

俺みたいな方法で出世すると、敵がいなくなるんだよ。周りが味方ばっかりになって、その味方が俺をグングン押し上げてくれる。だから何もしないで出世しちゃうの。

作家になってものすごい名作を書く人もいれば、俺の場合は一人さんファンが本を買ってベストセラーにしてくれる。ちっとも苦しまないで、本が何冊も世の中に出るんだよね。

そういう二つの生き方があるんだけど、俺は一人さんみたいな生き方を、神的だと思ってる人なの。

敵を作って、それをやっつけながら上にあがっていく生き方は、人間的な生き方。

そうじゃなくて、味方が押し上げてくれるのは神的な生き方なんだよ。

もし、戦国時代に俺みたいなのが生まれてたら、敵の兵もみんな一人さんの味方になっちゃうよね（笑）。で、それで天下が治まっちゃうの。そのうちに、あんまり俺の味方の人数が多くなってくると、〝こういう考えもあるんだな〟って、一人さんの考え方が広まっていくんだよね。

あのね、俺のお弟子さんは、俺の名前で本を出すんだよ。それも神はからいなの。みんなが俺の名前で本を出してくれるから、常に俺の本が出てることになるよね。で、俺はみんなを押し上げてあげるつもりなんだけど、みんなが俺を押し上げてくれるの。そういう上がり方もあるんだけど、今までそういう人っていなかったんだよ。だけど、やればこんなに楽に成功できる方法はないよって。

で、一人さんみたいな光になるにはどうしたらいいんですかって、まず自分が光り輝くの。いつも自分らしくいること。

いつも自分らしくっていうのはね、たぬきそばを食べたいなと思ったら食べればいいし、盛りそばが食べたい時は盛りそばを食べるの。わかるかな？

自分が幸せじゃないと、自分は輝かないんだよ。

自分が幸せって、自分が本当にやりたいことをすることなんだよ」

人を変えるには、自分が変わること

やる気のない同僚や部下がいると、周りも迷惑ですよね。何とかして奮起させたいと思うのが人情かもしれません。

といっても、人を変えるってとてつもなく難しいこと。残念ながら、簡単に部下や同僚を奮起させる方法はないんですね。

だけど、たった一つだけ、部下や同僚のやる気を刺激する方法があると一人さんは言います。

「あなた自身が奮起することだよ。そうすると、それを見た部下や同僚は、あなたに憧れるんだよね。〝こんなふうに仕事ができるようになりたい〟と思うから、勝手に奮起してくれるようになるの。

人って、かっこいいものとかすてきなものが大好きなんだよね。だから、あなた自

身がかっこよく生きてると、黙ってても周りの人は真似《まね》をしてくれる。

もし部下や同僚が真似をしてくれないのであれば、それはあなたの魅力がちょっと足りないということ。だから、もっともっとかっこよくなるよう顔晴ればいいんだよ。

あなたが上役や会社のグチを言いながらかっこよく思われようとしても、それは無理だよ。人の悪口を言ったり、グチを言ったりしてる人のことをすてきだと思う人はいないから、そういう人には誰もついてきてくれない。

それから、自分が仕事をサボッてばかりでだらしないのに、それで部下や同僚を奮起させようっていうのも無理だよね。仕事をサボッてばかりの人って、全然かっこよくないもの（笑）。

ファッションでも何でも、かっこ悪いものを真似する人っていないよ。すてきなタレントさんが着てる服だから欲しい、かっこいい俳優さんがやってる習慣だから真似したい。それと同じなの。

人を奮起させたかったら、まず自分が魅力的な人になること。そうすれば、部下や同僚は自ずと一生懸命仕事をしてくれるようになるはずだよ。

人を動かすって最終的には自分を動かすことなの。それがいちばん早いんだよ。

自分を動かすことが最高に正しくて、唯一の答えなんだよね。

じゃあ、カーネギーの本はなぜ『人を動かす』なのか。それは、自分を動かすというタイトルだったら、誰も読まないからだよ。

みんな、何とか自分は動かないで人を動かそうとするものだからね（笑）。

だけどね、カーネギーの本を読んでみると、人を動かそうとするのは無駄だっていうことがよくわかるよ。人を動かしてやろうと思って本を読んだのに、読み終わったら、自分を動かそうという気持ちになる。すごい本なの（笑）」

第5章

人づきあいは
これで驚くほどラクになる！

嫌な人でも自分のファンに変えられる

一人さんの教えを学んで強く実感しているのは、自分の周りから嫌な人がいなくなったことです。昔のみっちゃん先生は、嫌な人がいると波風を立てないようにスーッと避けていたのですが、今は嫌な人自体が周りにいないので、そういうことに気を使う必要もなく気が楽です。

人って同じような波動の人が引き寄せられるので、自分がいい波動を出していると、悪い波動の人が寄って来なくなります。もし近寄ってきたとしても、悪い波動を持っている人にとっては、いい波動が心地悪く感じますから、相手のほうから立ち去ってくれるんですよね。

一人さんも、こんなふうにおっしゃいます。

「みっちゃん、俺も嫌な奴に出会わないんだよ。なぜかって言うと、嫌な奴もいるんだけど、俺に会うといい人になっちゃうの。

人って鏡だからね、自分が愛のある言葉をしゃべって、愛のある顔をしてると、自然と相手もそうなっちゃうんだ。だから、まず嫌な奴には出会わない。それでも出会ったらどうするんですかって、それだったら俺は、相手に〝あんた、嫌な奴だね〟って言うよ（笑）。ただ、俺の言い方だと、きっと相手は怒らないよね。笑っちゃうんだよね」

一人さんって、どんな相手でも惹《ひ》きつける魅力があるのです。

時々、一人さんのことをよく知らないでつっかかる人もいるんですね。それを見た私たちは「大丈夫かな⁉」ってハラハラするのですが、どんな相手でもちょっと時間が経つと、びっくりするくらい一人さんのことを大好きになっているんです（笑）。

最初の感じ悪い態度は何だったんだろうっていうくらい笑顔になって、「一人さんの悪口を言ったら、俺が承知しないぞ！」って。

人は、自分次第で相手をいかようにも変えることができるものなんですね。そして嫌な相手ほど、自分のいちばんの味方になってくれるのだから不思議です。

料理法をマスターすれば、嫌な人はいなくなる

嫌な人について一人さんと話しているとき、興味深いことを教えてもらいました。

「みっちゃんさ、嫌な人ってどういう人かわかるかい？　あのね、自分の手に負えない人だから、嫌な奴だなって思うんだよね。

食材で言えば、苦手な材料。

だけど、苦手な材料だったら、その材料をおいしく食べるための調理法を学べばいい。どう料理すればおいしくなるか知っていれば、嫌いな食材ではなくなるよね。

そう考えると、嫌な人っていうのは相手の問題じゃなくて、自分の調理能力（対処能力）の問題なんだ。

いつも肉ばかり食べてる人は、魚が出てくると、どう料理していいかわからない。

でも、普段から肉も魚も野菜もまんべんなく調理していれば、何が出てきてもパッと〝この材料なら、こういう料理にすればおいしくなる〟みたいなひらめきが浮かぶよ

ね。日頃からいろいろな食材で料理をしておけば、いざというときに困らないの。

食材だと、肉・魚・野菜の3種類をマスターしておけば完璧だよね。調理法も、【煮る（茹《ゆ》でる）】【焼く（炒《いた》める）】【揚げる】【蒸す】の4パターンを知っていれば充分。

じゃあ人間の場合はどうなんですかって、一人さんは、人間もだいたい3～4パターンくらいしかないと思ってるの。

同じ野菜でも、ニンジンや玉ねぎ、キャベツといった様々な種類があるように、人間も細かい部分は多岐にわたる。でも、大別すれば3～4パターン程度だよ。考えてみれば、血液型だって基本は【A型】【B型】【O型】【AB型】の4種類しかないよね。

だから、**ざっくり3～4パターン〝こういうタイプにはこう対処すればいい〟っていう能力を身につけておけば、世の中から嫌な人はいなくなる**んだよ。

時々、〝あの人は練れてるね〟って言われる人がいるよね。それは、料理の仕方をたくさん知ってるということなの。

で、そういう練れた人に会うと、どんなに嫌な人でも、ものすごく笑顔のすてきないい人に変わってしまうものだよ。おもしろいね」

ちょっとくらい嫌なところがあっても目をつぶる

相手に苦手意識を持つと、その波動は必ず相手に伝わります。そうすると、相手はますますあなたが苦手になるようなことをしてきます。なぜなら、あなたの苦手オーラを感じ取った相手もあなたのことを苦手になり、同じように嫌な波動を返してくるからです。

反対に、相手がどんなに嫌な人でも、あなたがいい波動を出していると、相手もその波動に影響されます。そうすると、嫌なことをしてこなくなるんです。

一人さんが、こんなアドバイスをくださいました。

「これは俺の感覚的なものなんだけどね、食べ物で好き嫌いの多い人は、不思議と人に対しても苦手意識を持ちやすいの。

簡単に言うとね、ちょっと嫌だと感じただけで〝これは嫌い〟〝あれは食べたくない〟って言っちゃう人は、食べ物以外でも同じようにやってるんだよね。だから、人に対してもすぐ〝この人は苦手〟ってなっちゃう。

あのね、人間なんて、嫌なところはいくらでもあるんだよ。ちょっと嫌なところが見えただけで嫌いになってたんじゃ、周りは嫌な人だらけになっちゃうよ（笑）。

食べ物でも何でも、嫌だなと思うところがあっても、ちょっと頑晴って食べてみるとか、料理法を変えてみるとか、それくらいはしたほうがいいよね。人間の場合なら、**〝この程度のことは誰にでもある〟と考えてあげる**の。

人間には、個性があるのが当たり前。いいところも悪いところも、その人の個性なんだよね。

そういうふうに思ってるから、俺の場合は、今まで〝この人にはまいった〟という人が出てきたことがないの」

人間には誰でも魂がある

一人さんは、「人間には誰でも魂があるんだよ」ということも教えてくれました。

「人ってね、普通に社会生活を送っている人だったら、そこまで悪人っていないものなんだよ。それどころか、間違って罪を犯した人たちの中にも、本当は〝よくなりたい〟〝更生したい〟って考えている人が大勢いるの。

どういうことかって言うとね、ある人のお父さんが、刑務所の看守さんをされているんだよね。で、そのお父さんによると、受刑者に差し入れされる本の中でいちばん多いのは、なんと一人さんの本なんだって。

看守さんも一人さんの本を読んでくれているみたいでね、受刑者の人としょっちゅう、一人さんの本の内容について語り合ってるって言うんだよ。

一人さんの本を読む受刑者の人って、犯罪者になってしまったことを悔い、自分をよくしたい、成長したい、改めたいと思っているんだよね。このままでいいと思っていないから、一人さんの本を読んで学ぼうとしてるの。
生き方を間違えてしまったけれど、間違ったままでいいとは思っていないってことなんだ」

必要な学びを習得すれば嫌なことは消える

一方的に意地悪をしてくる人がいて、その相手にどうしても「やめて」の一言が言えないとしますよね。そういう時は苦しいし、ものすごくつらいと思います。

とても難しい問題なのですが、一人さんが丁寧に答えてくださいましたので、ご紹介しますね。

「これはね……どうしても相手に〝やめて〟が言えないのは、そういう段階にあるってことなんだよね。自分が今、そういう経験をして、学ばなきゃいけないものがあるってことなの。

誤解しないで欲しいんだけど、魂的に言うと、相手に〝やめて〟が言えない人って、逆の立場になると、自分が今受けているようなことを人にする可能性があるんだよね。今は相手のほうが強いから意地悪される立場になっているんだけど、相手が弱かったら、自分がしてしまう可能性がある。

だからそうならないために、意地悪されることがどのくらい嫌なことかを学ぼうとしているんだよ。今は、そういう時期にあるということなの。わかるかい？

その現象は、〝やめて〟が言えるか言えないかっていう対処法の問題じゃなくて、自分はこういうことは絶対しないんだっていう学びのために起きている、神はからいなんだよ。

で、**こんなに嫌なことは人にはしないぞ、逆の立場になっても絶対にやらないぞって思えたら、不思議と意地悪されなくなる**よ。必要な学びを習得して魂が成長したわけだから、もう学びに必要な現象はいらないんだよね。

意地悪をする人が会社にいるんだとしたら、その相手が異動になったり退社したり、なぜか嫌なことをしてこなくなったり、あなたが出世して別の部署に移ることになったり……とにかく、悩みの種である意地悪をされることはなくなるの。そして、それもまた神はからいなの。

そうやって、すべてのことに対して〝神はからいなんだ〟とわかるようになれば、ますます神はからいでいいことが起きるようになるんだよ」

人は誰だって褒められたい

みっちゃん先生が一人さんと出会ったのは、まだ赤ちゃんの頃でした。一人さんは、みっちゃん先生のいとこの友達で、いとこの家に行くと、たいてい一人さんも遊びにきていたのです。

一人さんは、いつもみっちゃん先生のことを褒めてくれました。

「みっちゃん、可愛いね！」

「とっても優しくて、いい子だね！」

「いつも元気で笑顔がすてきだね！」

そう言われるとうれしくて、みっちゃん先生は一人さんに会いたいがために、しょっちゅういとこの家へ遊びに行くようになりました。

みっちゃん先生は引っ込み思案で、いつも人の陰に隠れているような子どもでした。人見知りで友達もあまりいませんでしたし、勉強もできない。自分は何のとりえもない子だって、いつも思っていたんですね。

それに対して、5歳上の姉は優等生で、性格も明るくて元気。友達もたくさんいました。周りからは、そんな姉と比べられて「お姉ちゃんとはずいぶん違うのね」と言われてきたのです。

ところが一人さんだけは違いました。会うたびにみっちゃん先生のいいところを見つけて褒めてくれたのです。

それがとってもうれしくて、みっちゃん先生はどんどん自分に自信が持てるようになりました。

一人さんって、子どものときからオーラがはんぱなくてキラキラ輝いていました。だから、一人さんの周りには、いつもたくさんの人がいたんです。

大人も子どもも関係なくて、みんな一人さんのことが大好き。みっちゃん先生にとっても、憧れのお兄さんでした。

そんな一人さんは、今でもみっちゃん先生をこんなふうに褒めてくれます。

「みっちゃんは、観音様みたいに優しいね」

「観音様みたいなすてきな笑顔だね」

だけど、どうして観音様なんでしょうか。その理由を聞いてみると、もっとうれしくなるような言葉が返ってきました。

「俺が観音様に似てるねって言うのは、観音参りばっかりしてるからなんだよね。洋画ばかり観てる人だったら、オードリー・ヘップバーンに似てるっていうような言葉が出るのかもしれないけど、**俺にとっていちばんすてきなのは観音様だから、すてきな人を見ると観音様に似てるねっていう言葉が出ちゃう**の。

でね、みっちゃんに対して〝観音様みたいだね〟という言葉がスッと出たということも、神はからいなんだよね。

観音様みたいに優しいってすごいことなんだけど、今回、病気になったことでみっちゃんはもっと優しくなれた。みっちゃんって、すばらしいね」

大人になってても、誰かに褒められるってものすごくうれしいことです。褒められると自信がついて、仕事でも何でも顔晴ろうって思えます。その結果、自分の能力以上の力を発揮できたりするんですよね。

引っ込み思案で人見知りだったみっちゃん先生が、まるかんという会社で社長（正規販売代理店の社長）になれたのも、一人さんがいつも褒めてくれるから。

もし誰も褒めてくれないような職場だったら、みっちゃん先生は絶対に社長なんてお仕事は務まらなかったと思います。それくらい、褒めるって人を成長させるものなんです。

人を褒めると自分も幸せになる

人は、誰だって褒められたいと思っています。大人も子どもも関係ありません。褒められると、うれしくなって「また顔晴ろう」と思えます。顔晴っていると、いい結果につながって、また褒められて、ますますうれしくなります。

無限に、いいことが続くんですよね。

自分が褒めた相手が笑顔になれば、それが自分の喜びにもつながります。相手に「いつも褒めてくれてありがとう」と言ってもらえると、また褒めてあげたいって思いますよね。

一人さんはこう言います。

「人を褒めると相手に感謝されて、こちらが困っているときはすぐに手を貸してくれるんだよ。いい話があれば、いつも褒めてくれるお礼にって特別に教えてくれたりもする。

何より、**人を喜ばせていると、神様からたくさんご褒美がもらえる**んだよね。だから、自分にもたくさん、いいことが起きるよ」

褒められて嫌な気持ちになる人はいません。ですから、みなさんもどんどん人を褒めてあげましょう。お子さんやパートナーといった大切な人はもちろん、お友達や会社の同僚、ご近所さんなど、誰にでもどんどん褒めてくださいね。

褒めるといっても、難しく考える必要はありません。

「今日の洋服、とってもすてきだね！」

「笑顔がすてきだね！」

「いつも気持ちのいいあいさつをありがとう！」

「丁寧な仕事で助かるよ！」

など、ちょっとしたことでいいのです。


もしかしたら、慣れるまでは人を褒めるのが難しく感じられるかもしれません。いざ褒めようとすると、「急に褒めるとわざとらしくないかな？」なんて考えすぎてしまったり、恥ずかしくなってしまったりすることもあるでしょう。

そういう場合は、無理をしなくても構いません。一人さんは、こうおっしゃいます。


「なかなか人を褒められなくても、今はそういう時期なんだと思ったらいいの。何かそこから学ぶことがあるんだよね、きっと。

でもね、人を褒めようっていう気持ちがあるだけでもいいの。そういう気持ちがあれば、次の段階では必ず褒められるようになるからね。

心って、植物の芽と同じなんだよ。早く伸ばそうとして引っ張ると切れちゃうの。だから、温かく見守ることも大事。温かく見守ってれば、やがて葉が茂り、大きな実がなるものだよ。

そのうちにうまく褒められるようになるから、**今は〝褒めようとしている自分〟をたくさん褒めてあげるといいよ**」

潔く身を引く必要はない

好きな人に振り向いてもらえないときって、苦しいですよね。

相手の幸せを願ってスッと身を引けたら、どんなにかっこいいことかと思うのですが、現実はなかなかうまくいかないものです。

でも、そういう時は無理にあきらめようとする必要はありません。あきらめられないものをあきらめようとしても、結局あきらめられないのですから。

あきらめられない時の苦しみを解決するには、一人さんが次のようなアドバイスをくださいました。

「心の中の葛藤があるときは、心の問題を学んでみるとか、精神のことを学んでみるとかしてみたらいいよ。そういう時ってね、魂が成長したがっているから、神はからいで苦しみが起きてるの。

人ってね、苦しくてどうしようもないことが起きて初めて、精神論とかそういうのを学ぼうとするんだよね。だから、苦しいことが起きたら、それをチャンスだと思っていい方向に誘導してごらん。

でね、魂の成長に役立てる方向に持って行くことができれば、どんな答えを出そうとすべて正解なの。そして、**その答えが出たとき、もやが晴れるように苦しみは消えていく**からね」

魂はどこまでも成長できる

私たちは、魂を成長させるために生まれてきました。あの世に帰るときは、生まれたときよりも魂が成長していなければなりません。
それを目的として生まれているから、神様は、魂を成長させようとしている人を応援してくれるんですね。
苦しいことがあっても、それを魂の成長に結びつけようと顔晴っている人には、神様がいいことをたくさんプレゼントしてくれるわけです。
一人さんは言います。

「人生ってね、横に行くと退屈だし、下に行くとみじめになる。だから、上がるようにできてるんだよね。幸せに生きたかったら、魂の向上だけを考えてればいいの。真面目もいいんだよ。不真面目な人が真面目になったら、それだけで魂は向上するの。でもね、それがずっと続くかっていうと、今度はそこに楽しさとか、人を幸せにするとか、もっと成長するための何かが必要になるんだよね。

魂には限界がないから、どんなに成長しても、さらに上がある。

だから、真面目にやっててもうまくいかないのはなぜだろうって思う時は、〝もう真面目はできたから、今度は楽しさを入れなよってことなのかな?〟〝真面目ばっかりじゃなくて、ユーモアを入れたほうがいいのかな？〟とかって考えたらいいよ。もうちょっと上って何だろうって考えること。

真面目で誠実がいけないんじゃないよ。何たって、一人さんのキャッチコピーは〝真面目で誠実で、女性経験が豊富〟だからね（笑）。

真面目で誠実だったら、女性にモテるのは当たり前だから、女性経験が豊富になるはずなの。

普通は、真面目で誠実って言うと女性経験がないみたくイメージされちゃうけど、一人さんの場合はそうじゃない。真面目で誠実で女性経験が豊富って言ったらさ、これは理想だよね。だから、これが一人さんのキャッチコピーなの（笑）。

じゃあ、女性だったら〝真面目で誠実で、男性経験が豊富〟でいいんですかって、それは一人さんにもわからない（笑）。

だけどね、キャッチコピーをつけるんだったら、自分が笑えて、人も笑えるようなものを考えるといいよ。まずは、自分が楽しくなきゃいけないからね」

まず自分が人にさせてあげる

時々、人に何かしてもらうことが苦手だという人がいます。何かしてもらったら、相手に借りを作ってしまったような気がして落ちつかないって言うんですね。それで、どうしたらうまく人に甘えられるようになるでしょうか——という質問をされたりするのですが。

一人さんは、こうおっしゃいます。

「それはね、結局、自分も人に甘えさせていないということなんだと思うよ。自分が人に甘えさせていないから、人に対しても甘えちゃいけないんだって思い込んでるの。人ってね、みんなも自分と同じだと思う特徴があるんだよ。だから、自分が人に甘えさせない人だったら、〝ほかの人も自分と同じように、人から甘えられたくないだろうな〟と思っちゃうんだよね。

ちょっと考えてごらん。

誰かが人に甘えてると、〝なんだあの人、甘えてばかりいて〟なんて厳しいことを言ってないかい？　言ってるとしたら、それがあなたが人に甘えられない原因なんだよ。

自分が人にやらせていないと、自分でもそれができないの。

じゃあ、人を甘えさせられる人間になるにはどうしたらいいかって、愛のある言葉をしゃべるとか、優しそうな顔をしてることだよね。怖い顔でトゲトゲしい言葉遣いをしてるようでは、人はあなたに頼み事なんてできないから。

そうすれば、自分も甘えられるようになります。**自分にできることは、人にもできるようになる**ものだよ。

同じように、わからないことを人に聞けない人は、誰かに聞かれても自分が教えられないからなんだよね。

一人さんの場合はね、わからないことがあればすぐ人に聞いちゃうの。聞くことが平気なんだよね。

なぜかっていうと、俺も人に聞かれたり頼られたりしたら、できる限り協力してるから。協力するのが当たり前だと思ってるから、自分がわからないことがあったら、何でも人に聞けるんだよ」

悪口をやめると人の目が気にならない

一人さんって、人の悪口を少しも気にしないんですね。どうしてそんなに気にならないのか、聞いてみました。

「あのね、**一人さんは自分が人の悪口を言わないから、人も自分のことを悪く言うはずがないと思い込んでる**の（笑）。自分が言わないから、人も言うはずがないって。もし俺が人の悪口ばかり言ってたら、そうはいかないよ。自分が言ってると、どこかで自分も誰かに悪く言われてるんだろうなって思うものだから、いつも人にどう思われているか気になってしょうがなくなるんだよ」

人間って、世間は自分と同じだと思う傾向があります。この特徴を、一人さんはものすごく上手に利用しているんですよね。

もし、人目ばかり気にしてしまうのなら、まずは自分が人の悪口をやめたらいい。

結局、自分が変わることで人生はラクに、楽しくなるものなのです。

「可愛い人」ってこんな人！

みっちゃん先生が思う可愛い女性像って、とにかくあったかい人。笑顔がすてきで、優しくて、愛のある言葉を話してる人が、最高に可愛い女性だと思います。

では、一人さんが可愛いと思う女性ってどんなタイプかと言うと……。


「うーん、そうだなぁ。俺から見る可愛い女性っていうのはね、ちょっと特殊なんだよね。なぜかって言うと、なんかウマが合って、昔から縁があれば可愛いと思うから。

あのね、性格って後からいくらでも変えられるんだよ。で、顔は化粧で変えられるし（笑）。見た目だって、服で変えられるよね。

だから俺の場合、縁のある人はみんな可愛いな。

どんな相手でも、自分の好きなことをさせてあげたり、思ってることを言わせてあげたりしているとね、人生がうまくいくようになるの。そうすると、みんな笑顔になってくるんだよ。楽しけりゃ、ブスッとしてられないでしょう？

人生は楽しいよってことを教えてあげたら、誰だって笑顔になるの。で、**笑顔になった人は、みんなすてき**だよ。

俺に縁のある人はみんな笑顔だから、うちの会社の人たちもそうだけど、女性はみんな可愛い。もちろん、みっちゃんだって可愛いよ。

それぞれ自分で決めてきた修行をしながら、魂を成長させよう、よくなろうとしてるんだよね。だから、10年前に比べたらものすごく可愛くなってるし、あと10年たったらもっと可愛くなるよ」

一人さんに可愛いと言われたら、うれしくなっちゃいますね。もっと魂を成長させて、さらに可愛くなりたいと思います（笑）。

でもね、本当に人間って、いくらでも可愛くなれるんです。だって、人間は自分を変えられるから。

自分を変えられるのは人間だけ。ほかの動物は本能で生きているから、自分を変えることはできません。

そういう人間らしさを存分に楽しみながら生きることが、私たちの幸せではないでしょうか。

人生ドラマを見ると、嫌な相手も愛おしくなる

ご近所づきあいや、ママ友（パパ友）とのつきあいを億劫《おっくう》に感じてしまうかたも、いらっしゃるのではないでしょうか。

人づきあいが悪いと思われたくないとか、地域や学校の行事で必要だから仕方なくつきあっているという場合は、つらいですよね。

もちろん、無理をしてまでつきあうことはないんです。嫌だったら距離を置けばいいし、意地悪をしてくる人がいるんだったら逃げちゃってもいい。

でもね、「億劫だなぁって考えながらでもつきあっているあなたは、偉いよね」っ

て一人さんは言います。面倒だなと思っていてもできるあなたは、すごいんです。

その一方で、一人さんは「こんな考え方もあるよ」と教えてくれました。

「**もっと魂が習熟してくるとね、人間っていいものだってわかる**よ。

近所のおばさんだと思ってる人にも、人生があるの。子育てをしたり、介護をしたり、泣いたり笑ったり、人それぞれにドラマがある。

そういうドラマを聞いてみるとね、誰でも本が一冊書けるくらいなんだよね。あの人もこの人も、みんなドラマがある。テレビドラマよりすごいドラマがあるの。

そのことがわかってくると、人間ってすごく愛《いと》おしくなるよ。

俺はね、人間が大好きなの。だから温泉やなんかに行くと、一緒に入ってるおじさんから話を聞いたりして。そういう時間が大好きなの。

この人はすばらしい人なんだと思っておしゃべりしてるとね、すばらしい話が聞けるんだよ。相手にとっては当たり前の話かもしれないけど、俺にとっては特別で、ものすごく貴重な話なの。

北海道の知床《しれとこ》なんか行くとね、冬になると海が凍っちゃうわけ。そうすると、漁師の人は冬の間、半年間くらい何をして過ごしてるのか知りたくてしょうがないんだよ。で、地元の漁師さんに話を聞いてみると、普段はどんな漁をしてるのか、何月から何月まではこれを採って、この時期にはウニを採って、これとこれの間の期間はこれをやって……って、いろいろ教えてくれるの。あんな寒いところでも、ちゃんと人が生きていけるようになってることがわかる。

そこで子育てをして、子どもを大学に行かせて。みんな、すばらしい人生を送ってるんだよ。

そういう相手のドラマを見ないで、ただの人間に見ちゃうから、つきあいが面倒だと感じるの。

あなたにドラマがあるように、みんなにもドラマがあるんだよ。

人を見るんじゃなくて、相手の人生ドラマを見てごらん。それだけで、相手を愛おしく思えるから。

もし、どうしても相手のドラマに興味が持てないという人は、今はそういう段階にあるということなんだよね。いずれ魂が成長すれば、ドラマに興味が湧いて、相手を愛おしく思えるようになるよ」

人づきあいが億劫なのは、つきあいそのものが嫌なのではなく、つきあう相手を嫌な人だと思っているからなんですね。もし相手が好きな人だったら、喜んでおつきあいしたいでしょう?

ご近所づきあいやママ友（パパ友）とのおつきあいに苦痛を感じているかたは、ぜひ、一人さんのように相手の人生ドラマを見てください。

そうすれば相手のことが愛おしくなって、人づきあいも楽しくなるはずですよ。

第6章

大切なあなたと家族を守るために

自分が正しいと思っていることは趣味だと思えばいい

あなたの周りには、神はからいの関係で存在している人がたくさんいるはずです。なかでも、夫婦や親子などの近しい関係の人は、間違いなく神はからいと言えるでしょう。

よく、結婚は修行だと言われますが、一人さんいわく、それは冗談でなく本当のことなんだそうです。夫婦は必ず価値観の違う人が一緒になり、共に生きる中で学びがあるんですね。

以前、ご主人にイライラするという女性からの相談があった時、一人さんはこのようにアドバイスされていました。

「あのね、夫にイライラつくんですけどって、あなたはあなたで自分が正しいと思ってるし、ご主人だって自分が正しいと思ってるの（笑）。お互いに〝自分が正しい〟と思ってるんだから、普通に考えてたんじゃ、イライラするのは当たり前だよ。

じゃあどうしたらいいんですかって、絶対に自分が正しいと思ってることが本当なのか、時々考えてみるといいよね。

で、**あくまでも自分が正しいんだと思うんだったら、あなたが〝自分の趣味〟としてそれをすればいい。**ご主人にまで強要しちゃダメなんだよ。

例えば、ご主人の部屋を掃除しようとしても〝俺の部屋に入るな〟って言われたとするよね。その割に自分で掃除もしないって、あなたはイライラしてるの。だけどね、部屋が散らかったままでいいんだよ。

あなたは〝部屋はきれいなほうがいい〟という観念を持っているんだけど、ご主人にしてみれば、自分の部屋だからどこに何が置いてあるとかって、自分のわかりやすいようにしてるんだよね。自分の部屋って、その人のお城なの。

そこに入らないでって言うんだったら、妻であろうと誰であろうと入っちゃいけない。何が正しいとかじゃなくて、その部屋はその人のものなんだよね。

あなたの〝掃除したい〟っていう趣味は、ほかの部屋を掃除することで満たせばいいんだよ。

ご主人とあなたとでは、育ってきた環境が違うの。あなたはきれいに片づいてるほうが正しいと思ってるけど、ご主人は、自分の使いやすさを優先してるんだよ。好きなようにさせてやりゃいいの。そうすると、顔晴って仕事するんだよね。いいかい？　勝手に片づけちゃダメなんだよ」

逆に言うと、ご主人の部屋を片づけなくていいというのは、奥さんにしてみれば手間が省けてありがたいことかもしれませんね（笑）。

そんなふうに思えば、イライラも収まるのではないでしょうか。

あなたはあなたのままでいい

先ほどの話には、まだ続きがあります。

「うちのお弟子さんでもね、神はからいの人がいるんだよ。これを言うとはなゑちゃん（舛岡《ますおか》はなゑさん）に怒られるかもしれないんだけど……はなゑちゃんってね、ものすごい大らかなの。大らかすぎて、遅刻することがたまにあるんだよね（笑）。だけど、気にしてるとこっちが具合悪くなったとしても、向こうはちっとも悪くならない。ということは、はなゑちゃんが正しいんだよ。

俺たちは子どものときから〝約束の10分前には行ってなさい。じゃないと人に嫌われるよ〟〝遅刻ばっかりしてると自分が困るよ〟とかって教えられてきて、それが正しいと思ってるの。

でもはなゑちゃんを見てると、まったく困ってないんだよね（笑）。人から嫌われてもいないし。ってことは、俺たちが教わってきたことはウソだったんだよね。

じゃあ、この神はからいで何を学んだらいいんだろうって考えたときにね、一人さんはこう思ったの。

あんまり神経質にきっちりしすぎてると、病気になっちゃうよ。

神様が俺たちの前にはなゑちゃんっていう人を出してくれたのは、そのことを学ぶためだったんだよね。わかるかい？

俺はね、生まれてこのかた年賀はがきって一回も書いたことがないの。年賀はがきを出さないのは、一人さんの趣味なんだよね。

よく、年賀状を出して返事が来ないと怒り出す人がいるんだけど、それなら最初から出さなきゃいいんだよね。年賀状を出すのも、出さないのも、どっちもその人の趣味。それぞれ、そういう生き方の人なの。

でね、年賀状を出さなかったら友達がいなくなるかって言うと、全然そんなことない（笑）。一人さんなんか、いっぱい仲間がいて、毎日ものすごく幸せなの。

あなたはあなたのままでいいの。一人さんも、一人さんのままでいい。みんな、そのままでいいんだよ。困ることはないからね」

染みついた観念を手放す

人のやることに腹を立てたり、イライラしたりするのは、自分の中に「こうあるべき」「こうしなきゃいけない」っていう観念があるからなんですよね。

じゃあ、その観念はどこからきているのかというと、育った環境が大いに関係しているのだと一人さんは言います。

「口うるさい人ってね、親御さんに口うるさく言われて育ったからなの。で、口うるさく言われることが嫌だったはずなのに、なぜか大人になったら自分も親と同じように口うるさくなっちゃってるんだよね。

どうしてそうなるのかって言うと、観念が染みついてしまっているから。無意識のうちに、その染みついた観念を忠実に守ろうとしてしまうの。でもね、それでは言うほうも言われるほうも不幸だよ。

だから、**そういう観念を手放せるように、神はからいでイライラするような人が出て来るんだ。**

もし、この話であなたのパートナーや大切な人が助かるとしたら、その人にとっても、この本であなたが学びを得ることは神はからいなんだよ。この世で起きてるすべての出来事は、神はからいだからね。

それとね、観念と言えば、〝何が食べたい？〟とかって人に聞いたとき、相手が

〝何でもいいよ〟って返すと怒る人がいるんだよね。そういう人も、やっぱり自分の中に〝ハッキリ答えないといけない〟っていう観念があるからなの。

何でもいいっていう言葉はよくないって思われてるけど、本当は何でもいいんだよね。それを、どっちがいいかなんて聞いちゃダメなの。

これとこれどっちがいいって聞いて、相手がどっちでもいいよって言うんだったら、どっちか出せばいい。それでなきゃ、両方出せばいいだけのことなんだよね。

それを、〝あなたはいつもどっちでもいいって言うけど、どっちか決めなさいよ〟なんて怒る必要はないんだよ」

反抗期は健全な証拠

ろくに口をきかない、目も合わさない、何を考えているのかわからない……。そんな子どもの反抗期、親はどうしたらいいのでしょうか？

一人さんは言います。

「反抗期になってよかったねって思うことだよ。反抗期って必要なの。親にも逆らえないような子だったら、社会に出てだまされてしょうがないんだよ。だから、身近な親に逆らうことを覚えたということは、**大人になるための準備がちゃんと始まっているんだなって、親御さんは喜んであげるくらいじゃなきゃ。**

そのうち、時期がくれば親に感謝するようにもなる。だから心配しなくても大丈夫なの。

反抗期は、子どもの成長過程で必要なことだよ。いわば、はしかみたいなもの。はしかって、小さい時にかかると軽症で済むことが多いんだけど、大人になってかかると重症化しやすいと言われてるの。

だから、子どもがはしかになると、親は心配しながらも、〝これで大人になってかかる心配はない〟って安心するんだよね。

反抗期も、それと同じなの。

だから反抗期が始まったら、健全な証拠だと思って、子どもの成長をうんと喜んであげたらいいよ」

愛があれば親も子どもにやり返していい

親として反抗期を冷静に見守るためには、子どもの暴言や悪態に、「親もやり返せばいい」というのが一人さん流です。

「あのね、子どもに反抗期があるんだったら、親にもあるんだって言ってやればいいの。こっちだって、言いたいことは山ほどあるんだって（笑）。

向こうも言いたいことがあるんだろうけど、言われっぱなしだとコミュニケーションが取れなくなるよね。だから、親だって言い返したらいいんだよ。ここまで育てるのに、どれだけ苦労したと思ってるんだ、とか。

でね、あなたが子どもの時、親から〝誰に育ててもらったと思ってるんだ〟とか言われてすごい嫌な思いをしたとする。そうすると、我が子にはそういうことを絶対言っちゃいけないと思ってしまうんだよね。

だけど、あなたが親に言われて嫌だったのは、親御さんの言い方に愛がなかったから。そこに愛があれば、同じことを言われても嫌な思いをしなかったはずだよ。

親は、いつでも心にゆとりを持ってなきゃいけない。でね、ゆとりって、人と会話してるときにはどんな形で現れるかっていうとジョークなんだよ。

ゆとりがある人は、ジョークが上手なの。

だからね、子どもは真剣に文句を言ってもいいんだけど、親まで真剣になるもんじゃないよ。言い返して子どもと喧嘩《けんか》になってもいいけど、親はそこに愛とゆとりがなきゃいけないね。

一人さんだったら、反抗期の息子がいたらこう言うよ。

〝お父さんはお前を育てようか、愛人を作ろうか悩んだんだけど、お前を取ったんだ。愛人を蹴ってお前を選んだんだから、少しは感謝しろよ〟って（笑）。

こんな親だったら、子どもは〝この親には勝てないわ〟って思うかもしれないね。

これが、一人さん流のしゃべり方なんだよ」

自分に合ったやり方が、あなたにとっての正解

子どものことで悩む人がいる一方で、親御さんの介護に頭を悩ませているかたも少なくないと思います。これからは超高齢化社会が訪れると言われているだけに、介護の問題はますます多くの人にとって身近な問題になることでしょう。

この問題について、一人さんがお伝えしたいのは、たった一つだと言います。

「あなたが苦しいと、親御さんは悲しい。

このことだけは、絶対に忘れないで欲しいんだよね。

大切な親だから、子どもである自分が面倒を見るのは理想かもしれない。どうしても自分が見てあげたい、これまでの恩返しをしたいって思うのもわかるよ。

でも、プロの力をお借りしたほうがいい時もあるの。

自分ができる範囲のことはしてあげたらいい。だけど、できないのに無理をしても、親御さんはかえって悲しむんじゃないかな。

それとね、無理をしてると自分を追い詰めることになる。するとどうなるかって言うと、愛が消えちゃうんだよ。

愛が消えると、〝親不孝者だと思われたくない〟とか周りの目を気にして、しぶしぶ介護するようになっちゃうの。親の気持ちになって考えると、これほどつらいことはないよね……。

だから、これは無理かもしれないと思ったら、プロに頼っていいの。

週に何回かお願いしてもいいし、それでも手に負えない場合は介護施設やなんかを利用してもいい。いろんな方法があるから、自分たちに合った形を選べばいいんだよ。

そして、もし介護施設に入ってもらうことになったとしても、自分を責める必要はないからね。あなたに愛があれば、面会に行くだけでも親御さんは喜んでくれるよ。

親を大切にすることも大事だけど、自分をおざなりにして親を大切にすることはできないよ。だから、まずは自分自身を大切にしようね。

そして苦しい時に、世間からどう思われるかを気にしないこと。自分たちに合ったやり方を選ぶことが、あなたにとっての正解なんだよ」

あなたやあなたの大切な人の笑顔が最優先

一人さんはよく、世の中のお母さんも顔晴りすぎないで、自分の家に合ったやり方で家族を支えたらいいいんだよって言います。

「あのね、家庭では奥さんが料理を作るのがいちばんだとかって、それはその通りかもしれない。だけど、例えばファーストフードのお店で食べようとか、ピザを取ろうとか、そういうのがあってもいいよね。

忙しいのに、無理して食事を作ろうとしなくてもいいいんだよ。

もっとお母さんたちも気楽に考えて、自分の家に合ったやり方をすればいいし、それがいちばんなの。

出前ばっかり取ってるとね、近所で〝あそこんちは出前ばっかりだ〟とか言う人がいるかもしれない。でもね、子どもは喜んでるかもわからないよ。お母さんのほうが料理がうまいとは限らないからね（笑）。

以前、ずっと手作りの料理を食べさせてきたっていうお母さんがいたんだけど、ある時、〝今日はお母さんが作れないから、お店で買ってきたおかずでもいいかな？〟って子どもたちに聞いたんだって。そうしたら、何て言われたと思う？

お店で買ってきたおかずのほうがおいしいって（笑）。

要は、お母さんが背負い込んでいただけなんだよね。

今は便利なものがいろいろあって、店屋物でもお店で買ったお弁当でもすごくおいしいの。一人さんも、コンビニのおかず、大好きなんだよ。そういう便利なものがあるんだから、俺たちはそれをありがたく活用させてもらえばいいんだよ。

例えば東京から大阪へ行く場合、飛行機もあれば新幹線もある。バスや車を使う手もあるし、電車で行ってもいい。自転車でも行けるよね。必ず歩いて行かなきゃいけないというわけじゃないの。

それと同じことだよ。俺たちは世の中にあるいろんなサービスをうまく使って、自分に合うやり方で便利に生活すればいいの。

大切なのは、常識や観念ではなく、自分や自分の大切な人が、いつも笑顔でいることだよ」

ハードルを下げると気が楽になる

結婚すれば、義理の両親ともうまくつきあっていかなければなりませんよね。大切な人の両親だからこそ、うまくつきあいたいと思うものでしょう。

ただ、あまり神経質になりすぎても疲れてしまいます。

それよりも、むしろ「うまくやろうと思わないほうがうまくいく」、というのが一人さん流です。

「義理の両親って他人だからね、それをうまくやろうなんて思っちゃいけないの。あのね、**殺し合いにならないだけでいいって思ってたらいい**んだよ（笑）。

そのくらいまでハードルを下げると、ものすごいラクだよね。

殺し合いにならなきゃいいって思ってたら、何でもオッケー。そうすれば、たいていの家庭は〝うちはうまくいってるんだ〟ってことになっちゃう。うまくつきあいたいって思うのはいいけど、ハードルを上げちゃうからいけないの。ハードルを下げればイライラすることもないし、苦しくなることもないんだよ」

こんなふうにおもしろく考えられたら、ちょっと苦手なご両親であっても、気楽におつきあいができそうですよね。

子どもは別の人を通じて出て来ることもある

みっちゃん先生は子どもが大好きで、若い頃には、保育士を目指して保育園で働いていたこともあります。だから、街中で小さいお子さんを見かけると、その可愛さにいつも心を癒されますし、お子さんが欲しいという女性の気持ちもよくわかります。なかなか子どもを授からなくて泣いてばかりいるとか、自分の力ではどうにもならないとわかっているのに執着してあきらめられないという相談が寄せられると、本当につらくなってしまいます。

でもね、それもやっぱり神はからいなんですね。
一人さんは言います。

「できることはできるし、できないものはできない。これは、仕方のないことなんだよ。でもね、その神はからいが〝自分に起きてよかった〟と思うこともできるんだよ。

例えば、子どもがいる親御さんの中にはね、勉強向きの子どもじゃないのに勉強を無理強いしたり、責めたりする人がいるの。〝なんで英語ができないの？〟〝こんな簡単な方程式もできないの？〟って。

これね、いちばんやっちゃいけないことなんだよ。そんなことを続けてたら、子どもがおかしくなっちゃうよ。

あきらめの悪い人ってね、人にもあきらめられないの。子どもが勉強嫌いだとわかっても、じゃあほかに何が好きなんだろうって考えられなくて、嫌がる子どもに勉強を押しつけちゃうんだよね。

自分に起きてる問題で執着してるのなら人に迷惑をかけないからいいけど、それを誰かに対して起こしたらえらいことになる。子どもができないのは、そういう問題が起きないようにっていう神はからいかもわからないんだよね。

でもね、**神はからいなんだってわかって、執着を手放すことを学んだ人は、パッと子どもができたり、別の形で子どもに恵まれたりする**の。

どうしても子どもが欲しい人はね、親に恵まれない子どもの施設へ行ってごらん。そうするとね、目と目が合った時にピンとくる子がいる。その子が、あなたの子どもだよ。

自分の子どもって、あなたと同じように魂なの。その魂が自分を通して出て来ない時は、別の人を通じて出てきてくれるんだよね。そういう子が、どこかの施設であなたを待ってるから行ってごらん。養子縁組ができるかもしれないよ。

でね、そこまで難しいことをするのは嫌だって思う場合は、本当は子どもは要らないの。夫婦ふたりで仲よく楽しく暮らしていけば、最高の人生になるよ。

珍しく、真面目な話をしちゃったね（笑）」

理想の相手は、魂が成長できる人

「夫が亭主関白で、育児や家事にあまり興味がありません。もっと家族との時間を大切にしてほしいと思う私は、わがままでしょうか？」

そんなご質問が寄せられました。

普通だったら、「ひどいご主人ね」なんて思うところかもしれないのですが、一人さんは、「あなたのわがままだよ」と言うんですね。でも、これは決してこの相談者を突き放しているのではなく、深い愛からくるアドバイスなのです。

「どういうことかって言うとね、相談者のかたは、亭主関白になりそうなことをわかっていて、それでも今の旦那と結婚したんだよね。そういう旦那を自分で選んだ。

それと、相談者のかたが旦那に、〝こうして欲しい〟という要望を持っているように、旦那のほうも奥さんに要望があるはずなの。

じゃあ、あなたは旦那の要望に応えられますかって聞くと、たいていは応えられないんだよね。だったら、自分の要望ばかりで不満を膨らませるのは、ちょっと違うかなってわかるんじゃないかな。

よく、世間のご主人は……とか言うんだけど、あなたの旦那は世間の旦那とは違う人間なの。あなたにとっての旦那はたったひとりなんだよ。

よその旦那と比較してグチや悪口を言うのは間違ってるの。

そもそもどんな理由があるにせよ、グチや悪口ってあなたの人生にとってマイナスのこと。だから、絶対にやめなきゃいけない。

あなたにとって旦那は、グチや悪口を言わない修行なの。そういう、神はからいの人なんだよね。わかるかい？

で、それでもグチや悪口がやめられないんだったら、別れるのが正解かもしれない。

離婚してもいいの。その後に、必ず理想の人があなたを待ってるから。

ただし、ここで言う理想的って、あなたが思い描いているような人ということではないからね。思い通りの人じゃなくて、あなたがもっと修行できる人がくるという意味なの。

神様の理想は、魂の成長なんだよね。だから、**魂が成長しないような相手にはめぐり合わない**ようになってるの。

そういう意味では、今の旦那もあなたにとって修行になるような、まさに理想の相手なんだよね。

で、あなたがグチや悪口を言わないという修行をやり遂げることができたら、旦那のほうが変わるか、あなたの元から去っていくか、どちらかの現象が起きるはずだよ。

いずれにせよ、あなたにとっていちばんいい方法で解決するはずだから、まずはグチや悪口を言わないこと。その挑戦をしてごらん」

お金を貸さないのは相手のため

お金の無心をしてくる親族がいると、相手が親戚なだけに無下に断るわけにもいかず、どう対処していいか難しいものですよね。

そういう場合は、どうしたらいいのでしょうか。一人さんに聞いてみました。

「あなたに貸してあげられるだけの余裕があって、そのお金が返って来なくてもいいんだったら、貸してあげたらいいと思うよ。

だけど、余裕がなかったり、お金を貸したくなかったりするんだったら貸さなくていい。そして、そのことで自分を責める必要もないんだよ。

親戚なのに貸さないのは薄情だからといって、本当は貸したくないのに貸すと、後で必ず文句が出てくるの。グチや悪口を言わないという観点で言えば、これは明らかに間違った選択だよね。

でも、本当に貸してあげたくて貸すのなら、もう返って来なくてもいいやって思えるよね。返って来なくても納得できるし、文句を言うこともない。だったら、喜んで貸してあげたらいいんだよ」

第3章でもお伝えした通り、相手はお金がないことで学んでいるんですよね。

お金がなくて困っているのではなく、お金の勉強をしている。お金がないと、こんなに大変なんだということを学んでいる途中なんです。

だから、お金を貸せなかったとしても、それは相手の学びの機会を尊重しているのだと思って、愛を持って見守ってあげたらいいのです。

「結婚＝幸せ」とは限らない

最近、テレビや雑誌などで、親御さんが子どものために婚活しているというトピックを見かけることがあります。子どもが自分でパートナーを探せないのなら、親が探すということのようなのですが……。

一人さんは、子どもの結婚を強く望む親御さんたちに、こんなメッセージを発信されています。


「子どもに結婚して欲しいと思うのは、言葉は悪いんだけど、親のエゴなんだよ。そんなに結婚してほしかったら、あなたがもう一回、結婚すればいいの（笑）。自分が何回でも結婚すればいいんだよね。

子どもの結婚に躍起になってる人って、たいがい自分のパートナーのことを悪く言ってる人なの。結婚生活がうまくいってない不幸な人ほど、自分の子に結婚させたがる傾向があるんだよ。

自分が結婚して本当に幸せな人は、口にする言葉も幸せなことばかりだよ。だから、〝結婚したきゃすればいいし、したくなきゃしなくていいのよ〟って言うはずなの。

でね、子どもの結婚の心配ばかりしている親御さんに、〝あなたがもう一回結婚したら？〟って言うと、それは絶対に嫌だって言う人が多いんだよね（笑）。

だとしたら、なぜお子さんに結婚を勧めるんだろうか。いくら〝子どものため〟と言ってても、心の深い部分では、世間体や自分の安心感みたいなもので結婚させたがっているんじゃないかな。

結婚しさえすれば、幸せになれるわけじゃないよ。そして、自分がどう生きたら幸せかは、本人であるお子さんしかわからないことなの。

親として心配な気持ちはわかるけど、まずは〝愛〟の観点で見てあげること。そうすれば、お子さんの自由にさせてあげるのがいちばんだと気づけるはずだよ」

お弟子さんの「おわりに」

みっちゃん先生

一人さんは、いつも私を見守ってくれ、導いてくれ、困ったときは助けてくれます。私にとって、父のような、母のような、「光」の存在。大げさでも何でもなく、一人さんは神様みたいな人なんです。

一人さんの教えはどれもすばらしいものばかりですが、なかでも私がいちばんだと思うのは、「誰にでも優しくて、愛がある」ところです。

人は、ちょっと自分の体調が悪かったりするだけで、周りの人に優しい言葉をかけられなくなったりしますよね。自分のことで手一杯だから、人のことまで気にかけていられなくなる。

でも一人さんって、過去にはいろんな病気をしていて、体が痛くてどうしようもない時だってあったのに、そのことを周りに悟られないほどいつもと同じ。自分がどんなに体調が悪くても、いつも変わらず優しいんです。

そのことを、私はずっとそばで見続けてきました。

今回、私自身も病気になってとてもつらかったのですが、笑顔を忘れないこと、愛を忘れないことを、改めて学ばせてもらった気がしています。


また、今回の病気は、自分を大切にすることも思い出させてくれました。

つい最近、一人さんに言われたんです。

「病気になった当初、みっちゃんは飲み薬も塗り薬も拒否してたよね。だけど、それって自分に親切じゃないんだよ。

あのね、自分の目の前で人が苦しんでたら助けるでしょ？　なのに、自分が苦しんでる時はどうして助けないの？　それっておかしいよね。自分を大切にしてないの。

俺たちはね、なまじ健康食品の会社をやってるから、つい自分ちのもので治そうとしちゃうよね。でもね、それって〝我《が》〟なんだよ。

うちのお客さんの中にはお医者さんもたくさんいて、そういう人たちもうちのサプリメントを飲んでくれてるよね。お医者さんも、自分に必要だと思うものだからうちのサプリメントを買ってくれてるの。

で、俺たちも必要な薬は、お医者さんから処方してもらうんだよ。お互い、助け合うのは当たり前なの。

いつも自分を守ってくれてる体が苦しんでるの。それを、いい薬があるのに使わないって、体が可哀そうだよ。

どんな手を使っても、病気を治してあげなきゃいけない。苦しんでる体を、一刻も早く救ってあげることだよ」

私は、目から鱗《うろこ》が落ちるような気がしました。**いちばん大事なのは、自分がラクになること**なんですよね。

自分が苦しんでいたら、愛も光もありません。まずは自分が幸せであってこそ、愛にも光にもなれるのですから。

そのことを、どうしてもみなさんにお伝えしたくて、このお話を添えさせていただきました。

そしてもう一つ。

神はからいで元気になった私に、とても嬉しいことがありました。

まるかんでは年に一回、グランドプリンスホテル新高輪《しんたかなわ》の大宴会場「飛天《ひてん》」で盛大なパーティを行っているのですが、体調がよくなったおかげで、今年（２０１８年４月）も笑顔で参加することができたのです。

それだけでも嬉しかったのですが、なんと、一人さんも私も大好きな大衆演劇のスーパースター・恋川純弥《こいかわじゅんや》さんと恋川純《じゅん》さんが、特別出演でわざわざ関西から駆けつけてくれたのです！

※恋川純弥さんは、「生きるパワースポット」としてさまざまな舞台で活躍する大衆演劇界のスーパースター。恋川純さんは、21歳で桐龍《きりゅう》座恋川劇団二代目座長について以来、ずっと大衆演劇をけん引し続けているすばらしい役者さんです。純弥さんの著書『斎藤一人　良縁』、純さんの著書『斎藤一人　運命《さだめ》』（ともに学研プラス刊）もお勧めです。

おふたりの踊りは、一人さんが「天の舞」「龍神の舞」と称賛する通り、一度見るとやみつきになるくらいパワーに満ちています。私も毎回、鳥肌が立ってしまうほど感動しているんです。

そんなおふたりが、お忙しい中パーティに華を添えに来てくださったおかげで、私はますます元気になることができました。もう、元気1000倍です！

こんなすごい神はからいが起きるなんて、本当に私は幸せだなぁって思いました。

グチや悪口を言わないのも、すべては自分の幸せのため。

まずは、あなたから幸せになってください。それが、周りの人を幸せにし、ご先祖さまを幸せにし、ますますあなたも幸せになれるのですから、

一人さんも私も、いつもみなさんの幸せを願っています。

最後までお読みいただき、本当にありがとうございました。

お師匠さんの「おわりに」

みっちゃん先生とは、とても長いつきあいになります。
その間、少しずつ成長して、こんなにすばらしい本を書くまでになりました。
師匠として、これほどうれしいことはありません。

さいとうひとり

一人さんファンの集まるお店

全国から、一人さんファンの集まるお店が、東京は新小岩駅の近くにあります。みんな一人さんの本の話をしたり、CDの話をしたりして、楽しいひとときを過ごしています。近くまで来たら、ぜひ遊びによってください。ただし、申し訳ありませんが、一人さんの本を読むか、CDを聞いてファンになった人しか入れません。

住　　所　東京都葛飾区新小岩1-54-5
電　　話　03-3654-4949
営業時間　午前10時から午後7時。年中無休

各地の一人さんスポット

一人さん観音　瑞宝山　総林寺

住　　所　北海道河東郡上士幌町字上士幌東4線247番地
電　　話　01564-2-2523

ついてる鳥居　最上三十三観音第二番　山寺千手院

住　　所　山形県山形市大字山寺4753
電　　話　023-695-2854

49《よく》なる参りの勧め

４９なる参りとは、東京・新小岩駅周辺にある指定された以下の4カ所を9回お参りすることです。お参りの時間は、朝10時から夕方5時までです。

❶ひとりさんファンクラブ　五社参り
（東京都葛飾区新小岩1-54-5　ルミエール商店街アーケード内）

❷たかつりえカウンセリングルーム　千手観音参り
（東京都江戸川区松島3-13-11）

❸オフィスはなゑ　七福神参り
（東京都江戸川区松島3-15-7　ルミエール商店街アーケード内）

❹新小岩香取神社と玉垣参り（玉垣とは神社の周りの垣のこと）
（東京都江戸川区中央4-5-23）

ひとりさんファンクラブでは、４９なる参りのカードと地図を無料でもらえます。お参りすると、1カ所につきハンコを1つ押してもらえます（無料）。
なお、新小岩香取神社にはハンコの用意はありません。お参りが終わったら、ひとりさんファンクラブでハンコを押してもらいましょう。

新小岩
香取神社の玉垣

柴村恵美子さんのブログ …… http://s.ameblo.jp/tuiteru-emiko/
ホームページ ……………… http://shibamuraemiko.com

舛岡はなゑさんのブログ …… https://ameblo.jp/hitori-myoudai-hana/

宮本真由美さんのブログ …… http://s.ameblo.jp/mm4900/

千葉純一さんのブログ ……… http://s.ameblo.jp/chiba4900/

遠藤忠夫さんのブログ ……… https://ameblo.jp/ukon-azuki/

宇野信行さんのブログ ……… https://ameblo.jp/nobuyuki4499

高津りえさんのブログ ……… http://blog.rie-hikari.com/

おがちゃんのブログ ………… https://ameblo.jp/mukarayu-ogata/

恋川純弥さんのブログ ……… https://ameblo.jp/abcdefg-1234-0306
twitter ………… https://twitter.com/koikawajunya
Instagram ……… https://www.instagram.com/koikawajunya/

恋川純さん（桐龍座 恋川劇団）の
ホームページ ……………… http://koikawagekidan.com/index.html

斎藤一人さんとお弟子さんのサイト

斎藤一人さん公式ブログ

https://ameblo.jp/saitou-hitori-official

一人さんが毎日あなたのために、ついてる言葉を、日替わりで載せてくれています。ぜひ、遊びにきてください

斎藤一人さんが Twitterを始めました！

右のQRコードを読み込むか、
下記URLからアクセスできます。
ぜひフォローくださいね。

https://twitter.com/O4Wr8uAizHerEWj

みっちゃん先生のブログ

http://mitchansensei.jugem.jp/

斎藤一人（さいとう　ひとり）

実業家、「銀座まるかん」（日本漢方研究所）の創設者。

1993年以来、毎年、全国高額納税者番付（総合）10位以内にただ1人連続ランクインし、2003年には累計納税額で日本一になる。土地売却や株式公開などによる高額納税者が多い中、納税額はすべて事業所得によるものという異色の存在として注目される。

著書に、『斎藤一人　俺の人生』『普通はつらいよ〈新装版〉』『斎藤一人　世界一ものスゴい成功法則』『成功力』『斎藤一人　仕事はおもしろい』、みっちゃん先生との共著に『斎藤一人　父の愛、母の愛』(すべてマキノ出版)などがある。

みっちゃん先生

斎藤一人さんの名代。

一人さん曰く、「みっちゃんがおむつをしている頃に出会い」、子どもの頃から一人さんの生きざまをそばで見ながら「ワクワク楽しく魂的に成功する生き方」を学ぶ。現在も一人さんと毎日、旅をしながら、一人さんに学び、その教えを実践。魂の時代を心豊かに生きたいと願う人々に、「一人さんに教わったこと」「一人さんの愛ある言葉」を伝える活動を続けている。東京都江戸川区の高額納税者番付の常連。

主な著書に、『斎藤一人とみっちゃん先生が行く』（ロングセラーズ）、『斎藤一人　自分ほめの魔法』『斎藤一人　神的な生き方』（PHP研究所）、一人さんとの共著に『斎藤一人　父の愛、母の愛』（マキノ出版）などがある。

斎藤一人　神はからい

すべての出来事に隠された本当の意味

2018年9月8日　第1刷発行

著　者　斎藤一人
みっちゃん先生
発行人　室橋一彦
編集人　西田 普
発行所　株式会社マキノ出版
http://www.makino-g.jp
〒113-8560　東京都文京区湯島2-31-8
電話　ゆほびか編集部　03-3818-5098
販売部　03-3815-2981
印刷・製本所　大日本印刷株式会社

ISBN　978-4-8376-7280-7